literatura y arte

ensayos, poemas y discursos

friedrich dürrenmatt

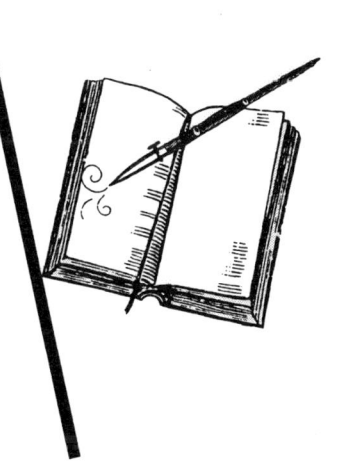

proyecto editorial **el espíritu y la letra**

número 3 *literatura y arte* • friedrich dürrenmatt

literatura y arte

ensayos, poemas y discursos

friedrich dürrenmatt

EDITORIAL SÍNTESIS

Título original: *Literatur und Kunst.*
Essays, Gedichte, Reden

La edición de esta obra ha sido posible gracias a una ayuda de PRO HELVETIA, Fundación Suiza de las Artes.

Traducción: Ricard Vilar

Diseño de cubierta
esther morcillo
fernando cabrera

© Diogenes Verlag AG

© Editorial Síntesis, S. A.
28015 Madrid
Tel 91 593 20 98
http://www.sintesis.com

ISBN
84-7738-808-3

Depósito Legal
M. 45.493-2000

Impreso en España • *Printed in Spain*

Reservados todos los derechos. Está prohibido,
bajo las sanciones penales y el resarcimiento civil
previstos en las leyes, reproducir, registrar
o transmitir esta publicación, íntegra o parcialmente
por cualquier sistema de recuperación
y por cualquier medio, sea mecánico, electrónico,
magnético, electroóptico, por fotocopia
o por cualquier otro, sin la autorización previa
por escrito de Editorial Síntesis, S. A.

Índice

Parte I
AUTOBIOGRÁFICO

Capítulo 1
Desde el principio (1957)   13

Capítulo 2
Documento (1965 [ca. 1964])   15

Capítulo 3
Mares   23

Capítulo 4
Volumen de poemas
Fumando un puro al mediodía   25

Parte II
LITERATURA

Capítulo 5
Acotaciones a *Poemas y documentos*
de Else Lasker-Schüler (1951)   29

CAPÍTULO 6
Ejercicios de dedos en nuestros días (1952)   33

CAPÍTULO 7
Poemas preferidos (1953)   35

CAPÍTULO 8
La tercera noche de Walpurgis (1953)   41

CAPÍTULO 9
Stiller. Una novela de Max Frisch.
Fragmento de una crítica (1954/1955)   45

CAPÍTULO 10
La creación literaria como profesión (1956)   55

CAPÍTULO 11
Del sentido de la poesía en nuestra época (1956)   61

CAPÍTULO 12
Sobre Walter Mehring (1956)   69

CAPÍTULO 13
¿Hay algún texto específicamente suizo
que tuviera que llevarse a la pantalla de cine?
Respuesta a una encuesta (1957)   71

CAPÍTULO 14
Sobre escribir.
Discurso para una lectura en Múnich (1959)   73

CAPÍTULO 15
Friedrich Schiller (1959)   79

CAPÍTULO 16
Análisis de la película *El milagro de Malaquías*
(1959/1960?)   95

CAPÍTULO 17
"El resto es agradecimiento" (1960)   101

CAPÍTULO 18
Sobre Balzac (1960)   105

CAPÍTULO 19
Velada de autores en el teatro
Schauspielhaus de Zúrich (1961)   107

CAPÍTULO 20
Visión personal sobre la lengua (1967)   113

CAPÍTULO 21
¿Es el cine una escuela para escritores?
(1968 [1967/68]   117

CAPÍTULO 22
Discurso desde una cama encima
del escenario (1969)   127

CAPÍTULO 23
A posteriori (1971)   131

PARTE III
ARTE

CAPÍTULO 24
Arte (1947/1948)   137

CAPÍTULO 25
A los tapices de Angers (1951)   139

Capítulo 26
Sobre Ronald Searle (1952) ... 141

Capítulo 27
Prefacio para la obra de Paul Flora
Crespones de luto (1958) ... 143

Capítulo 28
Prólogo para el libro de Bernhard Wicki
Dos gramos de luz (1960) ... 145

Capítulo 29
Sobre Rosalie de Constant (1961) ... 151

Capítulo 30
Varlin calla.
Discurso para la concesión
del premio de Arte de Zúrich (1967) ... 155

Capítulo 31
Varlin (1969) ... 163

Capítulo 32
Para Varlin ... 171

Capítulo 33
Notas a Hans Falk (1975) ... 173

Capítulo 34
Comentario personal a mis cuadros
y dibujos (1978) ... 187

Capítulo 35
Kronenhalle ... 199

CAPÍTULO 36
Tentativas sobre Manuel Gasser (1979)   201

CAPÍTULO 37
Ensayo sobre Tomi Ungerer, en el cual
se hablará de Tomi Ungerer, sobre todo
con la intención de no temerle (1979)   205

PARTE IV
APÉNDICES

DOCUMENTACIÓN   215

ÍNDICE DE NOMBRES Y OBRAS   221

Parte I

AUTOBIOGRÁFICO

1
DESDE EL PRINCIPIO
(1957)

Nací el 5 de enero de 1921 en Konolfingen (cantón de Berna). Mi padre era cura; mi abuelo paterno, político y poeta en el gran pueblo de Herzogenbuchsee. Para cada número de su periódico componía una poesía de portada. Por dicha poesía podía pasarse diez días en la cárcel. "Diez días por diez estrofas, ¡bendito el día!", escribía al respecto. Este honor no me ha sido concedido hasta el momento. Quizá depende de mí, quizá es esta época que ha degenerado tanto, y ya no se puede sentir ofendida cuando uno se emplea con la máxima agudeza. Mi madre, a la cual me parezco físicamente, proviene de un bello pueblo cerca de las montañas. Su padre era el alcalde y patriarca. El pueblo, en el que nací y crecí, no es bello: un conglomerado de edificios urbanos y rústicos, aunque los pueblos pequeños que lo rodean, y que pertenecían a la parroquia de mi padre, eran Emmental del bueno y criticados por Jeremias Gotthelf (y así sigue siendo hasta la fecha).

Es un país en el que la leche es lo más importante. Los campesinos la llevan en grandes calderos a la lechería, una gran fábrica en medio del pueblo: la Stalden AG. En Konolfingen experimenté también mis primeras vivencias artísticas. A mi hermana y a mí nos retrató el pintor del pueblo. Desde entonces pinté y dibujé durante horas en el estudio del maestro. Los temas: diluvios y batallas suizas.

Fui un niño belicoso. Cuando tenía dieciséis años a menudo corría por el jardín, armado con un largo varal, la tapa de una cacerola como escudo, para acabar anunciando exhausto a mi madre que los austríacos habían sido expulsados del jardín. Viendo cómo mis actos militares se plasmaban en el papel y cómo las crueles matanzas cubrían siempre la superficie que todo lo admite, mi madre se dirigió atemorizada al pintor Cuno Amiet, que contempló en silencio los sanguinarios dibujos para acabar pronunciándose sin rodeos: éste será general. El maestro se equivocó en este caso: en el ejército suizo sólo pude llegar a soldado del servicio auxiliar y en la vida tan sólo a escritor. Los caminos y derroteros posteriores que me llevaron a ello no pienso describirlos aquí. Pero en mi actividad actual he rescatado algo importante del mundo de mi infancia: no sólo las primeras impresiones, no sólo el modelo de mi mundo actual, sino también el "método" de mi arte en sí. Tal como la pintura en el estudio del artista del pueblo me resultó artesanía en el manejo del pincel, carbón, pluma, etc., de la misma manera, la creación literaria para mí es dedicarse y experimentar con materias diferentes. Me peleo con el teatro, la radio, las novelas y la televisión, y de mi abuelo sé que escribir puede ser una forma de lucha.

2
DOCUMENTO
(1965 [ca. 1964])

La historia de mi creación literaria es la historia de mis textos; los textos, sin embargo, son sensaciones transformadas. Uno escribe como hombre en su conjunto, no como literato o gramático, todo tiene que ver, porque todo llega a relacionarse, todo puede ser igualmente importante, decisivo, mayoritariamente a posteriori, inesperado. Las estrellas son concentraciones de materia interestelar; la creación literaria, la concentración de las sensaciones. No hay pretexto posible. Como resultado del mundo que nos rodea, uno tiene que responsabilizarse de ese mundo, aunque se graben en la memoria las sensaciones más relevantes, tal fue el horror que a mí me invadió cuando el verdulero, en su pequeña tienda en los bajos del teatro, deshojó el repollo con su muñón. Este tipo de impresiones nos moldea lo que está por venir, coincide con lo ya formado, se asimila según un esquema preestablecido, entra en contacto con lo existente y las historias que uno escuchó de pequeño son más determinantes que los influjos de la literatura. Volviendo la vista atrás nos queda claro. No soy un escritor rural, pero el pueblo me creó, y del mismo modo sigo siendo un aldeano con el habla pausada.

No soy de ciudad, y mucho menos de una gran ciudad, aun cuando no pudiera seguir viviendo en un pueblo.

El pueblo en sí nació donde las calles Bern-Luzern y Burgdorf-Thun se cruzan, en una altiplanicie al pie de una gran colina y no lejos de Galgenhubel, a donde debían haber llevado en carro a los asesinos y agitadores por orden del juzgado de 1ª instancia. A través de la llanura corría un riachuelo, y los pequeños pueblos campesinos y los caseríos necesitaban en ella un punto medio, los aristócratas de alrededor vivían en la miseria, sus residencias se convirtieron en asilos o sanatorios. Primero hubo en el cruce sólo una posada; luego se ubicó casi enfrente la herrería; más tarde cubrieron los otros dos espacios del cruce de los ejes la tienda y el teatro. Este último no pasaba desapercibido, ya que el pueblo presumía de un conocido autor dramático, el profesor Gribi, cuyas obras eran representadas por las asociaciones dramáticas de todo el Emmental, e incluso un rey del canto tirolés[1] que se llamaba Schmalz. A lo largo de la calle Thun se establecieron el impresor, el comerciante textil, el carnicero, el panadero y la escuela, que quedaba justo enfrente del siguiente pueblo de campesinos, cuyos muchachos me pegaban de camino a la escuela y cuyos perros nos daban miedo; mientras la casa del párroco, la iglesia, el cementerio y la caja de ahorros se llegaron a situar en una pequeña colina entre las calles Thun y Bern. Antes aun estaba la gran lechería, la Stalden AG, en la escarpada calle Burgdorf, que hacía del pueblo un centro rural. La leche de toda la comarca se llevaba hasta allí en pesados camiones que nosotros esperábamos en grupos, hasta que más tarde tuvimos que ir a Grosshöchstetten a la escuela secundaria, y nos colgábamos de ellos para poder subir con nuestras bicis la calle Burgdorf, con todo el miedo del mundo de ser vistos no por la policía, por el gordo policía del pueblo ante el que todos se envalentonaban, sino por el profesor de francés y ortografía al que llamábamos Baggel; temblábamos ante sus lecciones, era tan mala persona pegando, dando empellones y tirando de los pelos que nos obligaba incluso a darnos la mano: ¡saludos docto europeo!; colgando los unos de los otros detrás del ruidoso camión con los calderos de leche danzantes, vacíos a la mañana siguiente, nos imaginábamos al profesor como una montaña gigante que teníamos que escalar, con descripciones grotescas del lugar y zonas de difícil escalada. Pero esto duró hasta poco antes de mudarme a la ciudad. La estación de tren es más importante en mis recuerdos que la lechería con su alta chimenea, más que la torre de la iglesia, que era el monumento característico del pueblo. Tenía derecho a llamarse estación, ya que era un nudo ferroviario, y nosotros en el pueblo estábamos orgullosos de ello. Muy pocos trenes tenían el valor de no parar; rugían hacia la lejana Lucerna, hacia la cercana Berna. Desde un banco, sentado en el edificio de la estación, los miraba a menudo con una mezcla de nostalgia y repugnancia; luego echaban humo alejándose y acercándose. Pero el recuerdo me lleva aún más atrás, hasta el paso subterráneo, gracias al cual las vías del tren cruzaban la calle Burgdorf y justo desde ese punto unas escaleras conducían directamente hasta la estación. Se me presenta como una cueva oscura, en la que me metí cuando tenía tres años, en medio de la calle, fugado de casa en dirección al pueblo. Al final de la cueva la luz del sol, de la cual crecían las sombras oscuras de los coches y los carros; pero qué más da hacia dónde quería ir en realidad, ya que a través del paso subterráneo no sólo se podía ir a la lechería o a la estación. Incluso las mejores familias se habían establecido en el desfiladero de Ballenbühl[2], como mi Gotte, la mujer del médico del pueblo, a quien le tenía que mostrar mis nunca satisfactorias notas, el presidente de la comunidad eclesiástica y además el dentista y el técnico dentista. Ambos gestionaban el instituto dental que aún hasta la fecha maltrata muchas de las zonas del país y da fama al lugar. Los dos poseían un automóvil y por ese motivo eran unos privilegiados. Cada jornada vertían en el mismo vaso todo el dinero ganado con los empastes, las extracciones y los arreglos dentales para luego repartirlo a ojo de buen cubero, sin contarlo al detalle. El técnico dentista era bajo y gordo; se ocupaba de las cuestiones de salud pública. Elaboraba un pan popular que producía escalofríos a cualquiera. El dentista, sin embargo, era un hombre suntuoso, además de suizo francófono, uno de Neuenburg. Figuraba como el hombre más rico de todo el distrito; más adelante se tuvo que demostrar que esta opinión era un craso error. Pero seguro que sí era el más devoto, ya que hablaba como miembro de una secta extremista cuando aún no se había crucificado a Cristo y sólo fue igualado en fanatismo por una mujer flaca de edad indeterminada, que siempre vestía de negro, a la que con certeza y según su aseveración se le aparecieron los ángeles; leía la Biblia mientras ordeñaba y yo tenía que acompañarla desde la casa del párroco, por la llanura de los buhoneros y los vagabundos, para que pasara la noche en casa de mis padres, que eran gente hospitalaria y no rechazaban a nadie y dejaban comer a todo el que quisiera comer con ellos, como por ejemplo a los niños de un circo que visitaba el pueblo cada año, e incluso una vez se pudo ver a un negro. Era negro tizón, se sentaba a la mesa a la izquierda de mi padre y comía arroz con salsa de tomate. Era confeso, pero eso no me asustaba. Había mucho confeso en el pueblo. Se levantaron misiones de campaña, el Ejército de Salvación cerró filas, se formaron sectas, los evangelistas predicaban, pero el lugar fue en ese sentido de los más famosos por la misión de los mahometanos, que residía en un chalet feudal arriba en el pueblo. Esta misión publicó un mapamundi en el que en Europa sólo se veía un punto, el pueblo, una presunción de la misión, que creó la ilusión de sentirse establecidos por un momento en el centro del mundo y no en un pueblucho Emmental. La expresión no es exagerada. El pueblo era feo, una aglomeración de edificios en estilo pequeño burgués, como todo lo que uno encuentra en el país central, pero los pueblos campesinos circundantes eran bellos con sus grandes tejados y los estercoleros cuidados y amontonados; misteriosos los oscuros abetales alrededor y la llanura era de lo más aventurera con el aleluya en los prados y los grandes trigales, en los que nosotros vagábamos y construíamos en su profundo interior nuestras moradas, mientras los campesinos oteaban desde los márgenes maldiciendo. Y aún más misteriosos resultaban los oscuros montones de heno, que los campesinos tenían en capas en sus eras: durante horas reptábamos por entre la caliente y polvorienta oscuridad y fisgábamos desde las salidas hasta el establo, donde estaban las vacas colocadas en largas filas. El lugar más inquietante para mí era la buhardilla más alta y sin ventanas de casa de mis padres. Estaba llena de periódicos y libros viejos que brillaban blanquecinos en la oscuridad. Una vez también me asusté en el fregadero: un bicho sospechoso yacía allí, una salamandra quizá, mientras que en el cementerio no había temor alguno. Allí jugábamos a menudo al escondite. Si había una tumba abierta, yo me metía dentro como si estuviera en casa hasta que la comitiva fúnebre se acercaba, anunciada por el toque de las campanas, y entonces salía. Por aquel entonces no sólo estábamos acostumbrados a tratar con la muerte, también con los muertos. El pueblo no sabe de secretos y la persona es una fiera con posos humanos; los abandonados tenían que llevarse al carnicero. A menudo contemplábamos cómo los oficiales carniceros mataban; veíamos cómo la sangre salía a chorros de los grandes animales; veíamos cómo morían y cómo eran descuartizados. Nosotros niños lo mirábamos un cuarto de hora, media hora, y entonces nos íbamos de nuevo a la acera a jugar a canicas.

Pero esto no es todo. Un pueblo no es el mundo. Se suceden sinos en el pueblo. Tragedias y comedias, al pueblo lo determina el mundo, lo deja en paz, olvidado o destruido, y no al revés. El pueblo es un punto cualquiera en el mundo entero, nada más, y no se puede sustituir casualmente por nada más significativo. El mundo es más grande que el pueblo. Sobre los bosques están las estrellas. Las conocí enseguida y dibujé sus constelaciones: las inamovibles estrellas polares, los pequeños y los grandes osos con los cometas enroscados entre ellos, conocí la resplandeciente Vega, el centelleante Altair[3], el cercano Sirio[4], la lejana Deneb[5], el enorme sol Aldebarán[6], los aún poderosos Beteljosa[7] y Antares[8], yo sabía que el pueblo pertenece a la Tierra y la Tierra al sistema solar, que el Sol se mueve con sus planetas hacia el centro de la Vía Láctea dirección Hércules[9], y percibí que la aún reconocible a simple vista nebulosa de Andrómeda es una Vía

Láctea como la nuestra. Nunca fui un ptolomeo. Desde el pueblo conocí los alrededores, además de la ciudad cercana, incluso un balneario en las cercanas montañas; más allá, algunos kilómetros de viajes con la escuela, así era todo, y hacia arriba, hacia el interior, se construyó una estructura de enormes distancias, y así continuó con el tiempo: lo lejano surtía más efecto que lo inmediato. Lo inmediato se percibió sólo cuando pudo adentrarse en lo concebible, como la vida real del pueblo. La política rural era ya muy abstracta, más abstracta aún la política del país, las crisis sociales, las quiebras bancarias, en las que mis padres perdieron su fortuna, los esfuerzos para la paz, el resurgimiento de los nazis, demasiado incierto, demasiado insulso todo. Pero el diluvio universal, que sí se captó, un suceso plástico, la ira de Dios y el paso del agua, el océano entero se vertió sobre la humanidad, y ahora nada, y en aquellos días el bravo David, el fanfarrón Goliat, la aventura de Hércules, el hombre más fuerte que nunca ha existido; el real Teseo, la guerra de Troya, los huraños Nibelungos, el brillante Teodorico de Verona, los intrépidos confederados, los austríacos azotando y a orillas del Birs sucumbiendo en *San Jacobo*[10] por una inmensa prepotencia. Todo en su conjunto, el seno materno y el salvaje mundo de allá fuera, de la historia y de los mitos, que también eran verdaderos, pero también las innumerables formas del universo a través de un querido Dios espectral, al que se venera, al que se tenía que pedir disculpas, del que se podía esperar lo bueno, lo esperado y lo deseado como de un enigmático *ancestro* detrás de las nubes. Se estableció lo bueno y lo malo, uno se encontraba en un constante examen; para cada acto había asimismo notas, por eso la escuela fue también dura: prosiguió el sistema celeste en la Tierra y para los niños los adultos eran medio dioses. El país terriblemente hermoso de los niños: el mundo de la experiencia era pequeño, un pueblo pueril, y ya está, el mundo de la leyenda era impetuoso, nadando en un cosmos misterioso, impregnado de un travieso mundo de fábula con luchas de héroes, sin poderlas revisar. Uno tenía que aceptar este mundo. Uno estaba a merced de la fe, indefenso y desnudo.

Notas

[1] Canto propio no sólo de las montañas del Tirol, sino también de otras regiones suizas.
[2] Nombre que recibía una de las colinas del pueblo.
[3] Estrella de primera magnitud en la constelación del Águila.
[4] Estrella A de la constelación del Perro Mayor.
[5] Nombre que corresponde a diferentes estrellas en diferentes constelaciones. Por su lejanía podría tratarse de la estrella cola del Cisne.
[6] La estrella más brillante de la constelación del Toro.
[7] Estrella a de la constelación de Orión.
[8] Estrella a de la constelación del Escorpión.
[9] Constelación boreal.
[10] En 1444, 1.500 confederados se hicieron fuertes en el Asilo de leprosos de San Jacobo, situado junto al río Birs, defendiéndose hasta la muerte de las 30.000 lanzas de los armagnacs que marchaban sobre Basilea.

3
MARES

Me encanta abandonar la casa
Partir en un día que declina hacia la noche
Vadear mares de rojo follaje

4
VOLUMEN DE POEMAS
FUMANDO UN PURO AL MEDIODÍA

Dios creó el mundo sin pensar
   Así así, la la

Lo creó de la nada, con una velocidad
  sin igual
   Así así, la la

Por eso (el sol está aún allá arriba) escribo en
  sesenta segundos
   Así así, la la

Todo un mundo entero. Entre las dos y trece y las
  dos y catorce
   Así así, la la

Uno finalmente se tiene que atrever a saltar al otro lado

Y escribir fumando un puro, del que tan sólo un poco se puede
  disipar en humo

para trabajar, sin corregirse

poner las palabras simplemente, como una madre trae niños
   al mundo

sin volver a quitarlos.

La duda de un segundo malogra un poema.

Tampoco se permite escoger palabras.

Y así pues escribo, así salto pues
   a la otra orilla.

Un buen día (el sol estaba allá arriba)

mirando la blanca colada, que se había colgado

y un poco más allá las ramas de los árboles

blanco, verde, ante el cielo azul,

todo movido por el viento, por el fresco viento
   del norte

me invadió el presentimiento de una gran levedad.

¡Oh levedad del pensamiento, que se convierte en
   crimen cuando se le lleva trabajo!

Igual que el viento mueve las ramas, las verdes
   la colada, la blanca,

mueve el intelecto el arduo alboroto de
   sangre y carne de mi cuerpo,

impulsándome a su juego.

Tú, único juego, que aún se me permite:

poemas, que se hacen en uno, dos minutos

en el sueño de un día (el sol estaba allá arriba)

rayos, que iluminan la oscuridad terrenal.

Parte II
Literatura

5
ACOTACIONES A *POEMAS Y DOCUMENTOS* DE ELSE LASKER-SCHÜLER
(1951)

LA CIUDAD en que ella nació, Eberfeld, y aquella antigua, santa, en la que murió, Jerusalén, comentan: la llamaban una literata de café y la ubicaron en el desierto. En Zúrich, donde el teatro (uno de sus grandes trabajos) estrenó su obra *Arturo Arónimo y sus padres*, que solamente se pudo ver dos veces, ella también vivió. Maldita por vivir en una época que genera filosofía cuando ella hace poesía y ciencia cuando ella mata; se llamó a sí misma Jussuf, príncipe de Tebas. Era una fantasiosa tan grande que hizo del Wupper[1] un Nilo, aunque justamente así se hizo con la realidad de una manera misteriosa, no con aquella que ciertamente es una creación del ser humano, sino con la más sublime, la cual es la propia creación: la originalidad de este planeta. Ella veía las cosas como por vez primera y las contaba como si fuera la primera vez. De ahí que llame la atención que a menudo convirtiera a las personas en objeto de sus poemas: a los patriarcas, Saúl, David y Jonathan, pero también a las que conocía como Georg Tackl, al que amó, al igual que otras personas que eran importantes para ella. Su prosa, de la cual *El país de los hebreos* es lo más bello, llegó hasta el panfleto. ¡Yo hago las maletas! Escribió a sus editores. El precioso poema *Un viejo tapiz del Tíbet* fue loado sobre todo por Karl Kraus, que una vez recaudó dinero para ella y la nombró la aparición lírica más importante e infranqueable de la Alemania moderna. Una de sus canciones más bellas la escribió de mayor. Era judía y alemana. Ella pensaba como un niño, más ambigua que Tackl, sin la desesperación de éste, tan sólo él puede entender las palabras que escribió sobre su hijo: "Mi amor hacia ti es el retrato que a uno se le permite hacer de Dios", que ella ve desde lo religioso y lo judío. Era una escritora tan despreocupada que podía con todo, incluso escribir dramas, algo que los dramaturgos actuales hace tiempo que no son capaces, de lo que ella decía que era una lírica que progresaba. (Con esto, cuando se entiende el verbo correctamente, dándole el mismo valor al progresar que a la lírica, sobre todo entendiendo por lírica aquello que Else Lasker-Schüler hacía con sus poemas, queda dicho algo importante.) Fue expulsada de Alemania, pero no se la podía expulsar de la lengua alemana. Ella misma se acreditó. Tenía tanto lenguaje que nada, ninguna desgracia, ninguna persecución, podía destruir ese lenguaje; continuamente llevaba el lenguaje consigo a ámbitos de los cuales la filosofía escolástica realmente no se hubiera imaginado nada. Así curó lo que el tiempo había dañado. Puesto que los alemanes persiguieron a los judíos, una pobre judía expulsada salvó junto con algunos otros, o con algunos pocos, la lengua alemana.

Cuando a simple vista llama la atención que la empresa literaria de Else Lasker-Schüler publicada hasta ahora haya sido tan pasada por alto (en comparación con la avalancha de papel que provocó Rilke, por nombrar a otro escritor importante), de tal modo cabe destacar que una época en lo principal echa mano de aquellos escritores que cree necesitar, y por eso justamente deja de lado a los que necesita. Entre otros, muchos otros, la inseguridad de la filosofía tiene parte de culpa en que, en cuanto se echa un vistazo a la oscura esfera, ya no confía más en sí misma y de esta manera ha inventado la literatura como texto, esto es, como distracción, de manera que uno se pelea con aquellos restos filosóficos que a la literatura se le escapan, especialmente cuando es Rilke el que escribe. Una época como ésta no queda impune a una aparición tan compacta como Else Lasker-Schüler, que no deja ningún resto de filosofía, que es solamente poesía inmediata, ora sólo visión, ora sólo recuerdo, ora sólo amor, ora sólo queja, todo finalmente con una gran pasión o bien sin importancia, confuso, cuando escribía sin inspiración, cosa que le sucedía a menudo, por tomos. De ahí que Rilke tuvo que cultivar, a ciencia cierta de buen grado, latitudes más altas, recomendadas para invitados de verano, cursos de verano y guías literarios. Él estaba a prueba de aludes, tenía más nivel que ella, que era una montaña atrevida, mientras que él, de naturaleza volcánica, tenía grandes alturas y despeñaderos. Dos paisajes que no tienen nada que ver el uno con el otro. Poco menos pudo hacer la época con Karl Kraus, que lo hizo todo con ella, que era un inmenso campo de fuerza en el lenguaje, justamente esto y aquello hizo, lo que no quería la época: lo absoluto. De ahí que Else Lasker-Schüler pertenezca a Karl Kraus, al que ella dedicó sus poemas más bellos, las baladas hebreas, y al que llamó el cardenal, y del destino de éste, nunca popular, desconocido en muchos círculos, ella opinó que no había otro más bello.

Una y otra vez se deja descubrir nuevamente tan sólo aquello que no puede ser una moda. Así fue naturalmente cómo el editor y la persona que seleccionó los poemas, la prosa, las piezas de teatro y cartas de Else Lasker-Schüler, Ernst Ginsberg, llegó fácilmente a las seiscientas páginas: la escritora tenía que ser presentada, en tal medida había caído en el olvido en Alemania. Todo lo fundamental está en este tomo. Se incluyen también unos dibujos de Else Lasker-Schüler y fotografías. Testimonios de relevancia y recuerdos de la gran escritora, de esa extraña mujer con un humor a menudo grotesco (una vez dijo de Gerhart Hauptmann que parecía la abuela de Goethe), cierran el tomo escrupulosamente confeccionado e impecablemente editado.

Nota

[1] Río afluyente del Rin.

6
EJERCICIOS DE DEDOS EN NUESTROS DÍAS
(1952)

Damas y caballeros,

Cuando en un país tan pequeño como el nuestro se frecuenta el quijotismo de ser un escritor en lengua alemana y no otra cosa, ni tan sólo tres cuartos o cuatro quintos de redactor, maestro, campesino o cualquier otra de las profesiones que tenemos aquí, quizá uno deba preguntarse si tal empresa, que por naturaleza gira siempre en torno a la bancarrota, más o menos como la Tierra alrededor del Sol, sea absolutamente necesaria bajo cualquier circunstancia. No todos en nuestro país hablan alemán e incluso aquellos que lo hacen se sienten extraños ante esta lengua, ya que hablan dialecto, como es natural, y el país en el que viven setenta millones de alemanes está hundido y desmoronado. Hoy en día querer ser escritor significa darse cabezazos contra la pared. Damas y caballeros, yo lo hago desgraciadamente a gusto, y soy del parecer de que las paredes se inventaron para ello. Por eso soy escritor en este país, precisamente porque la creación literaria no es necesaria. Me he convertido en esto para resultar molesto a la gente. Si soy un buen escritor no lo sé, y tampoco me preocupo de esa pregunta superflua, pero espero que se diga de mí que soy un escritor incómodo. De esta manera no se me ocurre dirigirme en primer término a los alemanes, sino sobre todo a los suizos, sobre todo, ya que están aquí sentados, a Uds. damas y caballeros. Se me reprochará que Suiza es una provincia y quien se dirige a una provincia es un escritor provinciano. Dando por sentado que hay provincias, no tienen razón los que así hablan. Actualmente se puede observar el mundo desde tan sólo unos puntos que quedan fuera de la realidad. Para ver se necesita distancia y cómo quiere ver la gente cuando las imágenes que ellos quieren describir les tapan los ojos. La réplica surge, está prohibido manifestar aquello que uno mismo no ha vivido, como si sufrir creara una especie de monopolio para la invención; ¿acaso estuvo Dante en el infierno? Por eso ahora les tendría que gustar un escritor como yo, que no habla sobre lo que los ojos ven, sino sobre lo que el intelecto ve; que no habla sobre lo que le gusta, sino sobre lo que a uno le amenaza. Soy protestante y protesto. No dudo, pero expongo la desesperación. Quedo libre de toda culpa, pero describo el declive. No escribo para que me juzguen a mí, sino para que juzguen al mundo. Yo estoy ahí sólo para denunciar. Los barcos, damas y caballeros, no deben ignorar al práctico. Él no conoce el arte del timón ni tampoco puede financiar un viaje en barco, pero conoce las profundidades y las corrientes. Aun en mar abierto, alguna vez se pueden encontrar escollos, los prácticos pueden llegar a ser necesarios.

7
POEMAS PREFERIDOS
(1953)

EN ESTA TRAMPA de nombrar los tres poemas más bellos no me gustaría caer. Los poemas más bellos son para uno también los preferidos, y revelarlos significa demasiado revelar. Los poemas preferidos los confiesa uno, si se da el caso, sólo a unas pocas personas. Sobre todo no al lector.

Sin embargo, quiero nombrar un poema. No mi preferido, tampoco uno de aquellos que son muy importantes o útiles para mí, pero sí uno de aquellos que más me fascinan, que más me asombran. No conozco ningún otro que pudiera ser una obra de arte lingüística, con tanta filigrana y a su vez tan elemental: hasta tal extremo civilizado y hasta tal extremo natural.

El coro a cuatro que cierra el tercer acto en la segunda parte de *Fausto* y que, por amor a él, mucho de lo que viene después puede ser obviado: los sagrados anacoretas, los extáticos, profundos, seráficos sacerdotes, los ofrezco de buena voluntad (excepto algunos fragmentos, magníficos fragmentos) junto con el doctor Marianus (en la más alta y limpia celda).

Así pues me encantan los poemas largos, esto se confiesa en este terrible interrogatorio, y cuando digo largos no todos los largos, y el más largo (para nombrar un segundo) me lo sé de memoria, *Rondel* de Trackl:

> Desparramado el oro de los días,
> De la noche el azul y los marrones
> Del pastor suaves flautas perecieron,
> De la noche el azul y los marrones;
> Desparramado el oro de los días.

¿Cuándo es capaz de expirar esta continuidad, cuándo la noche que ahí se cierne?

Estos dos poemas son bellos, sobre todo en el recuerdo, oscuras y pródigas corrientes, una corazonada de ritmos notables, la simple forma gramatical flotando cerca, doblemente puros, doblemente claros ahora en esta marea:

"Delirando con el más joven de los faunos", "y si retumba, nuestros truenos retumbarán el doble, el triple, diez veces más", "la colina cultivada en todas sus lindes" (el paisaje que yo amo), y apenas me atrevo a nombrar algún otro fragmento en lengua alemana, en los que lo sexual, lo obsceno, lo nocturno se convierten en texto e ilustración como aquél: "y entre ellos grita desmesurada, estridente la bestia orejuda de Sileno." ¿Existe algún verso más abominable?

> Siempre hacia abajo, siempre más hondo,
>   ondeando como meandros,
> Ahora en la pradera, luego la dehesa, presto el jardín
>   que rodea la casa.

Este fragmento parece contener a Goethe como en algunos de sus versos, a Goethe en su diablura reprimida (siempre hacia abajo, siempre más hondo), en su ligera predilección por sus garabatos clasicistas (ondeando como meandros), en su genialidad para lo más diferenciado (ahora..., luego..., presto...), Goethe en su humanidad sin palabras altisonantes.

Coro a cuatro del Fausto II, tercer acto

Una parte del coro

En el temblor susurrante de este millar de ramas,
Murmurando, jugueteando con sensaciones,
Seducimos suavemente el manantial de la vida
Desde las raíces hasta las ramas; ora con hojas, ora con flores
Adornémonos el pelo exaltado por el soplo del aire libre.
El fruto cae, y los pueblos se aprestan a recogerlo
Para asirlo, para comerlo, vienen prestos, diligentes,
Y, como antaño ante los primeros dioses, se postran todos
A nuestro alrededor

Otra parte

Al brillante reflejo en estos muros de roca
Suave y deliciosamente nos sujetamos,
Nos movemos dulcemente en las olas, insinuantes;
Escuchamos atentas a cualquier rumor,
Del canto de los pájaros, los juncos,
Y si Pan está malhumorado respondemos prestas de la misma guisa;
Si murmura, murmuramos, y si retumba, nuestros truenos
Retumbarán el doble, el triple, diez veces más.

Una tercera parte

Hermanas, nosotras, de espíritu más rebelde,
Seguiremos raudas los arroyos; y en la lejanía
Azuzan los engalanados caminos de colinas.
Siempre hacia abajo, siempre más hondo,
Ondeando como meandros,
Ahora en la pradera, luego la dehesa, presto el jardín
Que rodea la casa.
La senda nos la muestran las esbeltas copas de los cipreses,
Elevándose hacia el éter sobre el paisaje, la orilla y el reflejo de las olas.

Una cuarta parte

Ondulad a vuestro antojo; que nosotras bordearemos con murmullos
La colina cultivada en todas sus lindes,
Donde verdean las vides; allí donde la pasión
Del viñador y su más preciado esfuerzo
A cualquier hora del día se dejan contemplar.
Ora la azada, ora el espato, ora recolectando,
Podando, atando, el viñador
Invoca de entre todos los dioses
Sobre todo al supremo Dios del Sol.
Baco, el afeminado, poco atento a sus fieles sirvientes,
Descansa en los emparrados, retoza en cuevas
Delirando con el más joven de los faunos.
Lo que siempre necesita para sus alucinaciones medio ebrias,
Hállalo siempre en odres, jarras y todo tipo de recipientes,
Apilados desde antaño a derecha e izquierda de la fría bóveda.
Como todos los dioses, y especialmente Helios,
Aireando, humedeciendo, calentando, abrasando,
Hacinado el cuerno de la abundancia,
Allí donde actúa el viñador surge la vida,
Cruje por entre las parras, deslizándose de una estaca a otra,
Crepitan los cestos, castañetean los cubos, las cubas gimen,
Todo tras la vigorosa danza de la gran tina al lagar;
Así, la santa abundancia de los jugosos granos,
Sale fresca, espumando, se mezcla chispeando, triturada sin recelo.
Ahora resuenan en el oído los perversos ruidos de los címbalos,
Pues se ha despojado a Dionisos de sus misterios;
Ahí viene con sátiros, apartando a las sátiras
Y entre ellos grita desmesurada, estridente
La bestia orejuda de Sileno.

Sin respeto, las pezuñas las costumbres pisotean,
Los sentidos repiquetean tambaleándose,
El oído gravemente ensordecido.
A tientas a por las copas los borrachos,
Panzas y cabezas harto repletas,
Algún que otro cuidadoso, aunque también se une al tumulto,
¡Pues para poner a salvo nuevo mosto vacía uno raudo el viejo odre!

8
LA TERCERA NOCHE DE WALPURGIS
(1953)

LA POSTURA de Karl Kraus sobre los grandes sucesos universales se entrevé en los títulos de sus libros. Después de *La caída del mundo a manos de la magia negra*, bajo cuyo concepto él entendía la prensa, y después de los inevitables *Últimos días de la humanidad* (1914-1918), colocó *La tercera noche de Walpurgis*, el baile diabólico de los espectros y las almas perdidas con Hitler. La historia universal se convirtió en un nuevo juicio final. La catástrofe se cierne por segunda vez en este siglo sobre una humanidad cuya única culpa fue la irreflexión y la escasa imaginación, tal y como él siempre le reprochaba, sobre una humanidad "que no mata pero es capaz de no creer en lo que no vive". Si unas figuras de opereta situaron a la humanidad en la Primera Guerra Mundial, así se erigió Hitler como un carnicero universal. "Un pobre pueblo alza conjurando sus derechos hacia el rostro, la frente, la mala racha: ¿hasta cuándo?" Estos aspectos le hacen poco querido entre mucha gente. El mundo necesita sus ilusiones y los que mandan ya saben lo que hace: sueña con todas sus fuerzas. Cuando la humanidad se dispone a sucumbir, lo debe hacer con sagacidad, nada más ofensivo que la idea de llegar a morir por culpa de unos mediocres. Incluso en la mayor de las desgracias se puede siempre esperar que la matanza la lleve a cabo al menos un inspector de montes.

De ahí el malentendido. Karl Kraus ha polemizado toda su vida con personas. *La tercera noche de Walpurgis* también es sobre todo una polémica con personas. Por este tipo de lucha que tenía su punto de mira en las personas y era estrictamente personal, a Karl Kraus se le ha tildado de vanidoso, sin pensar en que ésta era su manera de ser exacto. Sobre Gottfried Benn se habla con más certeza que sobre las realizaciones del intelecto del siglo, del que hablaba el propio Gottfried Benn. Karl Kraus nunca evitó a la gente por la defensa de unas ideas y tampoco a sus enemigos. Esto le hace tan incómodo que aún hoy se le deja de lado: la literatura con él resulta incómoda. Ya que el espíritu era para él algo concreto, a saber, la lengua, el ser humano era para él también algo concreto. La compasión era uno de sus más fuertes estímulos. Se negaba a darle la espalda a lo general y cerrar los ojos a los procesos "contra los que había protección policial en Chicago", como a menudo ocurría en la literatura alemana. Para la violación de los seres humanos no había ninguna posibilidad para el perdón. No sólo la cultura, la humanidad fue injuriada. "El periodismo que ofrece una dimensión falsa del ámbito de las manifestaciones de la vida, no sabe que la última existencia personal como víctima de la violencia está más cerca del espíritu que cualquier trabajo espiritual." Así lo veía él, sobre todo ante la criminalidad de lo ocurrido.

Con esto se fija tan sólo el segundo término. El hecho de que Karl Kraus califique el gobierno de Hitler de dictadura que "lo domina todo menos la lengua", caracteriza *La tercera noche de Walpurgis*. No se trataba, tal como hizo Thomas Mann, de escribir sobre los nazis, cosa que también era necesaria (por eso Kraus empieza con la frase: "no se me ocurre nada sobre Hitler"), sino, partiendo de la lengua, de volver a hacer hincapié sobre este aspecto que nunca llegó a conquistar Hitler. La lengua se venga de Hitler, la cita le tiene preso, la gramática se convierte en guillotina. "Tomar al mundo la palabra" fue desde siempre la máxima de Karl Kraus: pues ahora le toma la palabra a Hitler. Él le sitúa en la lengua, de la misma manera que Shakespeare situaba asesinatos en una escena. Las cosas se vuelven absurdas en cuanto pasan por el medio de la lengua, nace una comedia que por sí misma escribió la tragedia del pueblo alemán, a través de la lengua es posible un análisis de la época de Hitler, a la que los años siguientes la superaron únicamente en lo cuantitativo.

La obra de arte lingüística de *La tercera noche de Walpurgis*, la cual, como todo lo que escribió Karl Kraus, se diferenció tanto de la literatura coetánea que la mayor dedicación a ella hace casi imposible su deleite, ya que exige de una manera peculiar lectores activos, apareció justo ahora, veinte años después, publicada por Heinrich Fischer en la editorial Kösel de Múnich provista de un epílogo magistral. Hubo principalmente dos motivos que movieron a Karl Kraus a guardar la obra escrita en 1933, tal como indica en su último pero no menos importante escrito *Por qué no brilla la antorcha*, que describen su manera de ser. Él temía poner en peligro a los judíos con su texto y entonces fue consciente de que su trabajo como creación de la lengua tenía que permanecer intraducible y de esta guisa, prohibido por los alemanes y perdido para los países de fuera, su significación sólo se podía encontrar en que fue escrito y no en que se publicara. Por eso guardó silencio entonces. "Toda la imperceptible capacidad de contraste de los sucesos de este mundo los pone de manifiesto el hecho" –dijo él ante su público– "que en una época, en la que Hitler tenía la palabra, Karl Kraus calló, que según él reconoce el único punto donde aún se percibe la armonía de las esferas..."

9
STILLER.
UNA NOVELA DE MAX FRISCH
Fragmento de una crítica
(1954/1955)

SE PUEDE DECIR, creo, que en el ámbito de la novela está presente aún una tradición que permite que se ofrezcan obras de calidad y no chapuzas. Quizá lo que Thomas Mann o Herman Hesse producen es, si bien se apartan de lo novelesco, de lo arriesgado, legítimo, digno de alabanza, ejemplo para imitadores que, ya que se mueven también en la tradición, no son realmente imitadores, sino caminantes de una calle concurrida. Este camino que toma la novela, en el que no hay nada nuevo pero sí muchas novedades, recuerda sus primeras piezas y su confección. Este camino conoce los paisajes peculiares de Stifter, la genialidad de Tolstoi y Balzac; sin embargo, de vez en cuando se ve inundado por algo realmente único: *Don Quijote, Tristram Shandy, Los viajes de Gulliver,* por ejemplo, o Proust vienen de ámbitos distintos al de la novela, pero lo penetran y lo conquistan.

Sobre todo, eso es lo que la crítica quiere hacer; hay pues que analizar lo que ha pasado. Lo único no se puede comparar, puesto que al ser único es incomparable, ni clasificar históricamente o incluirlo en lo cotidiano. Sin embargo, la exigencia de dicha crítica presupone que lo único tiene que ser reconocido como tal, que posee rasgos diferenciadores que lo caracterizan como único. Lo único en el caso de la novela, en el arte en general, no puede estar en el texto. La novela tiene al mundo como objeto, sea más grande o más pequeño, y cualquier texto es una parte del mundo –incluso Marte, al que conquistaremos, o que nos conquistará–. Lo único está en la forma. Lo único presupone único, determinado por una situación inicial. La forma única no se escoge, sino que tiene que ser entendida como la salvadora, la necesaria. *La montaña mágica,* por ejemplo, no exige ninguna forma en especial, el texto en sí es una novela, por decirlo brevemente, que se censura con ciertas reglas, y lo sorprendente es la maestría con la que se narra. En el caso de lo único, no obstante, la narración, el texto, es solamente posible a través de la forma: con otra forma no saldría una mala novela, sino algo absurdo; en nuestro caso, un absurdo vergonzoso. Lo único que tiene parecido con lo del huevo de Colón: sin el ingenio salvador el huevo no se mantiene de pie y, si aparece el ingenio está todo salvado, lo difícil, imposible, se torna fácil; el autor entra en un estadio en el que todo son éxitos, los fallos aparecen sólo en el sentido de lo excesivo, como en todas aquellas novelas que tropezaron con el ingenio salvador. Por ejemplo *Don Quijote* o *Los viajes de Gulliver*.

No obstante, si lo único resulta necesario, en especial desde una situación inicial, es imposible para la crítica ignorar el motivo y tomar la obra en sí, desligada de ser considerada por este motivo como una concepción filosófica o un documento lingüístico, como muy a menudo hace hoy en día la ciencia literaria, y es justamente esto, por eso se llegó a este documento, lo decisivo. La razón no obstante hay que buscarla en el autor. Él figura como culpable.

Por lo que se refiere a Frisch, llama la atención en su caso la negativa que comparte con otros, considerémosle en general, a no dejar que su vida personal, su vida privada, se manifieste en el arte, que no salte por encima, que se trate de su problema, no de un problema en sí. Frisch es uno de aquellos escritores que se niegan insistentemente a escribir de manera pura, lo cual hace enfadar a muchos sobremanera, cuando este autor podría escribir manifiestamente mejor y con más pureza de lo que se hace en la actualidad. Tampoco *Stiller* destaca por encima de otras obras de Frisch, de sus diarios, de sus dramas. Representa tan sólo un paso adelante, pero no para alejarse del peligro, de ese deseo de referirse a sí mismo, sino para meterse, para estar justo en el centro. El problema artístico que Frisch se plantea en *Stiller* es cómo hace uno un personaje, una novela, de sí mismo. Este problema existe, sin embargo, como algo posterior, como una hipótesis de trabajo de la crítica. El crear arte no tiene que ver con la solución de un problema de ajedrez. Para Frisch este problema se presentaba como un dilema existencial. Por una parte, él no se podía deshacer de sí mismo; por otra, no podía vivir sin dar vida, sin representar. Sinceridad personal y necesidad artística frente a frente.

Visto desde el punto de vista del ajedrez –la crítica no sabe ver de otra manera– el problema, que de esta manera yo convierto en dilema, en lo existencial, se nos presenta. La empresa no poco pretenciosa de presentarse a sí mismo, de referirse a sí mismo, sólo se puede pretender de manera honrada en forma de confesión, de redención de los pecados, en relación al panorama de la religión que va más allá de lo personal, más allá de lo privado, como es el caso de San Agustín o de Kierkegaard. Este panorama desaparece en el caso de Frisch, la confesión no se puede imaginar como libro del que se podrían cobrar derechos de autor. Lo que se le confiesa a un amigo no se debe decir a los lectores, uno no quiere hacer el ridículo. Sin embargo, parece que lo más absurdo de todo es pretender hacer una novela de un autorretrato, que es lo que Frisch lleva a cabo.

Tomemos por caso que lo llevara a cabo, permaneciendo dentro de la tradición de la escritura de la novela, y se expresara con sus medios, ¿cómo procedería? Quizás se inventaría, podría yo imaginar, un amigo de buena fe, un abogado acaso, que iría narrando la vida del escritor Max Frisch, historiador o monje que informan en alguna parte de las habilidades del héroe de la novela. Cambiaría un poco a este Max Frisch, le daría otro nombre, digamos Anatol Ludwig Stiller, le dejaría ser escultor, en general tan libre como le sea posible, para no caer en una especie de novela en clave. Todo esto sería bueno y bello, y certero, puesto que Frisch sabe narrar y domina el lenguaje como nadie hoy en día, un buen y, como diría la crítica, maduro trabajo que albergaría esperanzas para aparecer finalmente la escritura pura. Y, sin embargo, precisamente por eso, porque Frisch no se refiere a cualquiera sino a sí mismo, es vergonzoso. Si la novela necesita un personaje, Frisch tendría que adjudicarse otro destino, aspirar a otras soluciones, acaso dejar morir a su mujer y dejar de mirarse el ombligo, ir más allá de su vida. Quería ofrecerse como novela, él mismo como personaje que, como el Yo, nunca es él mismo: personaje sólo se puede ser desde fuera, desde otro, en lo que se tendría que transformar Frisch; sin embargo con el hecho de que apareciera este otro se cuestionaría también la credibilidad que debe haber detrás de cualquier tipo de autorretrato. Se referiría a sí mismo ahora sí, ahora no, desmentiría constantemente la identidad que no fuera remarcable. A todo esto se añadiría, si bien en contra de su voluntad, la autocompasión, que acaso también hace insoportable el último filme de Chaplin. En forma de novela precisamente no es posible ningún autorretrato, ninguna aclaración de su propia situación, tampoco un juicio propio, al que muchos hacen referencia con motivo del cuento que nos va narrando la ciencia literaria. Aunque sólo unos pocos supieran que Frisch se refería a sí mismo con Stiller, tampoco podría cambiar nada —una novela no es posible más allá de la esperanza de que no haya nadie detrás—. En resumen, si Frisch hiciera brevemente lo que ha hecho en el epílogo del fiscal, y no durante setenta páginas, que no sólo por eso fracasan, porque se encuentran a la sombra de lo exitoso, de lo único, un salirse del camino posterior y secundario, un ejercicio de estilo dentro de la tradición pero que nuevamente para muchos y en concreto para la crítica suiza salva claramente la novela, en tanto que se la considera como algo importante allí donde no lo es y se pasa por alto lo que debería verse.

Una vez citadas las dificultades ante las que se vio Frisch, solamente dificultades externas, de las que se puede informar, sólo problemas de ajedrez que caracterizan las verdaderas dificultades a la hora de escribir, que no siempre se encuentran *al* sino a menudo *antes* de escribir, en el camino que debe dejarse atrás, para colocar la artillería en una posición desde la cual sea posible, necesario, dar en el blanco, el autor cambia su posición a raíz de las dificultades de la escritura, parece haberse tomado toda libertad (ahí está el problema) de presentarse a sí mismo a través de la novela, no de huir de sí mismo, referirse a sí mismo y sólo a sí, y de esta manera se muestra lo que hizo Frisch. El paso es presentarse, a través de lo cual obtiene la libertad, a través de lo cual fue posible la novela. La forma es mostrar y, a través de esto, apareció la posibilidad repentina de hacer una novela de sí mismo. De esta manera, en el arte, las cosas suceden al revés que en la crítica, para volver a dar constancia de esta diferencia. En el arte la solución se encuentra ante el problema. La crítica tan sólo puede quedarse perpleja, sorprenderse de que de repente sea posible una novela, donde no parecía posible ninguna, como precisamente concluíamos, y buscar pues las razones –inventar, para ser yo más exacto– que expliquen esta realidad crítica y contradictoria que le fue posible justamente a uno. Una explicación tal vendría a decir que Frisch ha encontrado una forma única que posibilita la novela, con lo que la crítica, y de manera legítima, pone de nuevo su cabeza a salvo.

Contemplada desde la forma, la novela *Stiller* es un diario aparentemente impetuoso, al parecer escrito precipitadamente; pero no el de aquel escultor llamado Stiller con el que Frisch se refiere a sí mismo, sino el de un señor James Larkin White de Nuevo México, que durante su viaje a través de Suiza es arrestado y llevado a Zúrich bajo sospecha de ser el desaparecido escultor Anatol Ludwig Stiller-Tschudy (contra el que existen indicios de que está envuelto en un asunto de espionaje al servicio de Rusia). Y la razón por la cual se escribe este diario es sencillamente la de que James White sea capaz de demostrar que *no* es Stiller. Tengo que considerar todo esto si quiero hablar de la forma del libro: la forma es siempre una difícil creación. La forma es aquí la de un diario fingido de una personalidad fingida con la que quiere mantener la afirmación de que no es otra persona. Y es una pena, crítica y teóricamente, que Frisch al final del libro contradiga esta afirmación, de la que suponemos que es una ficción cada vez más difícil de creer, a través justamente del epílogo, y amenaza así con hacer desaparecer la forma, en tanto que la remarca. También considero que es erróneo justificar esta forma como lo intenta Frisch con su "Ángel". Esta forma es ni más ni menos que un ingenio brillante, sin embargo, y ahí va la próxima pregunta que tengo que formular: ¿es también inevitable, necesaria y puramente algo único, o es acaso una forma real, a la que precisamente pertenece la realidad? Para diferenciar esto tengo que confrontar la forma constatada con la problemática que hemos desarrollado. Entonces, sólo cuando la forma existente de la problemática no la evita, sino que la contiene, la convierte en arte, es ésta una forma verdadera, no casual.

La forma existente refleja con exactitud la problemática, la expone. El problema existía y se mostraba siempre en nuevos aspectos. ¿Cómo se hace una novela de uno mismo? Y uno de los aspectos: ¿cómo puedo desmentir la identidad sin haberla descubierto? Exactamente ésta es la forma: White es la personalidad desmentida del no descubierto Stiller. Sigamos: problemática, forma y trama son uno. La trama del libro, el proceso contra White, es la constante afirmación de que White no es Stiller y la constante afirmación del mundo (de las autoridades, del fiscal, del defensor, de su mujer Julia, etc.) de que sí lo es. Con ello se toma la libertad de presentarse a sí mismo, aun cuando es una libertad cómica, de dementes. El *yo* se convierte en una afirmación del mundo al que se le plantea una contraafirmación, un *no-yo*. Dicho de otra manera: en lugar del *yo* parece un *yo* fingido y el *yo* se convierte en objeto. Según la técnica de la novela: el *yo* se convierte en un caso criminal. Dicho más fácilmente: Frisch, a través de esta forma, que es trama y la problemática en sí al mismo tiempo, se ha convertido en otro que en primer lugar habla no de Stiller, sino de sí mismo, de White precisamente, para el que Stiller es el otro, por el que se ha empezado a interesar y sobre el que investiga, porque se afirma constantemente que es idéntico a él. Justo a través de esa forma de novela es posible el autorretrato, teniendo en cuenta –y esto es importante, decisivo– que el lector colabore, que tome parte en el juego. Sin esta colaboración el libro *Stiller* no se puede leer ni entender. Esto es válido también para la crítica: precisamente ahí tiene que colaborar, respetar las reglas del juego, aceptarlas. Una crítica fuera de este juego es estéril para el arte y sucede en los espacios herméticamente cerrados, cuyas puertas nadie es capaz de derribar por la sencilla razón de que no existen.

Después de este análisis no siempre fácil, cabe quizá la posibilidad de leer la novela en un sentido acertado, en la dirección de su forma. Resultan varios planos, tomamos parte en el juego, no inconscientemente, seguro, sino conscientes de que tomamos parte en el juego, de que todo lo necesario son unas reglas del juego que simplemente aceptamos.

De ahí entonces que el que escribe, James Larkin White, al que se le imputan los cargos, tendría que ser Stiller y a quien finalmente se acusa de serlo. Escribe para demostrar lo contrario en los cuadernos que le trae el abogado defensor y que el lector también lee por encima del hombro de éste, moviendo la cabeza de vez en cuando como lo hace también este suizo honrado. Aunque el abogado defensor no puede hacer mucho con estos cuadernos, es un pensador medio, White, una vez ha empezado a escribir, se convierte, como tantos otros, primero involuntariamente y luego voluntariamente, en escritor. Su creación literaria, siempre que podamos juzgar esto desde un único documento, es en parte creíble y en parte no y, según el crítico medio, está desesperadamente relacionada con el *yo*, inmune ante cualquier razonamiento humano sano; incluso no va a creer en los valores hasta que no los vea. También el whisky tiene un papel importante, como si no hubiera buenos vinos suizos. Tiene algo de ciudadano sin cultura de los EE UU. Por un lado, informa sobre su vida; por otro, escribe fielmente lo que le acontece en la cárcel, y finalmente, se esfuerza, como es de esperar, en aclarar todo sobre el desaparecido Stiller. Si llegamos hasta las páginas no creíbles de lo que escribió, tenemos que admitir que llegamos hasta la representación de sí mismo.

Lo único que convence en relación a la prueba que él quiere aportar es la descripción de los lugares en los que ha estado. México, el desierto, Nueva York, una cueva con estalactitas, California, y aquí se muestra este americano, de origen alemán, como escritor de gran formato. Él narra distinto de como lo hacen los europeos, o quizá de la manera en que alguna vez lo han hecho. Los europeos actuales se refieren siempre a otra cosa cuando hablan de un paisaje, sea al alma, a la mitología, a la filosofía, al patriotismo o a la geografía, mientras que White presenta el paisaje como si viniera de Marte y viera el paisaje por primera vez, lo describe como el paisaje de un planeta. Son pinturas de gran belleza, con un gran lenguaje; incluso mirar un paisaje suizo le sirve, un paisaje con antecedentes literarios, descrito por infinidad de autores, lo convierte en poema, una osadía de la que verdaderamente sólo un americano sería capaz, pero que también aporta la única prueba de que John Larkin White es realmente John Larkin White.

Ahí está también la descripción de sus destinos. La descripción de los distintos lugares no basta para demostrar su existencia como White, él podría haber viajado a todos ellos. Si estos destinos pertenecen a la obra, vistos desde su forma, allí donde suponemos a White, de cautivadora ironía, son vistos así por White como creación desafortunada, cine barato (que justamente en una plantación de tabaco entre en erupción un volcán, ¡quién se cree eso!), fanfarronadas, cuentos como esa historia de un tal Isidoro y Rip van Winkle, tramas espeluznantes que no convencen a nadie, excepto a su guarda Knobel, a quien sin embargo le llevan a la máxima felicidad; está sentado ante un verdadero criminal, que no es en absoluto suizo, un criminal al que no le remuerde la conciencia ni un asesinato abominable, como sucede en este país, ni dos, ante un criminal americano, generoso, con hasta cinco asesinatos (ni más ni menos los que la fantasía de White alcanza a describir). ¡Caray! La profesión del guarda Knobel empieza a ser interesante, y cómo no llega a alegrarse de que White no sea un quíntuple asesino, sino Stiller un hombre del campo, un zuriguense, Knobel se encoge, engañado por el romanticismo: un hombre desengañado. Se entiende: es el sueño de cualquier guarda custodiar a un depredador de verdad y no sólo conejos y ovejas. Aunque veamos que las historias desbordantes se juntan con la problemática, percibimos cómo se convierten en trama cómica; este balanceo se transforma en parte fútil, en parte increíble de los sucesos de Florencia, quizá como el destino que faltaba, que la autonovela necesita, el cual aparece como chiste, como flor retórica de lo que realmente ocurre.

Llegamos pues a una de las partes más cómicas, pero también de las más importantes de esta asombrosa novela, su parte política: la opinión de White sobre Suiza, su descripción del país que le mantiene preso; una opinión, alejada de la mera situación del turista, sobre la que sí se emiten juicios. Dicho de otra manera: la cárcel le va bien y acaba siendo motivo de no poco halago acerca de su país anfitrión. La cárcel está bien, por lo que la opinión va dirigida al mundo exterior, al mundo que no es cárcel, conocido por su libertad, ese que White por motivos de confrontación puede visitar una y otra vez.

10
LA CREACIÓN LITERARIA COMO PROFESIÓN
(1956)

Creación literaria: de todas las preguntas que se formulan en mi actividad, la de si soy un escritor o un poeta es la que menos interés me ha suscitado. He decidido desde un buen principio querer ser tan sólo un escritor. Un poeta es algo bonito, quién no querría serlo, pero el concepto se ha vuelto tan confuso e incierto que solamente se puede atribuir a ciertos escritores en círculos reducidos con una opinión unitaria, no públicamente, no imparcialmente, no como calificativo de profesión. La confusión proviene porque entre especialistas sí que se diferencia entre poetas y escritores, con lo cual esta separación a menudo esconde tras de sí el peligro de considerar a los malos escritores como poetas, para los cuales vale la definición de que sí cultivan la poesía pero no saben escribir, caso que se da en la literatura de habla alemana con no poca frecuencia.

Profesión: esta palabra se ha tomado aquí en un sentido práctico para la especificación de una actividad mediante la cual se intenta ganar dinero. De manera oficial también se cuenta la creación literaria entre las profesiones liberales, con lo que se quiere expresar que el escritor como hombre libre ha escogido una profesión de cuya rentabilidad él mismo es el responsable. Ante esta afirmación tienen que quedarse perplejos algunos escritores. Aparecen problemas. Tener una profesión dentro de la sociedad significa poner en práctica una determinada función. Sobre cómo es esta función se preguntará el escritor; tendrá que reflexionar acerca de si de verdad existe una función real o tan sólo una fingida, e incluso tendrá que averiguar si se manifiesta una necesidad ante los productos de su profesión o si no sería mejor saldar su empresa como disparatada. En cualquier caso, en la opinión pública parece ser preponderante el convencimiento de que la creación no puede darse como profesión seria, ya que no es ninguna ocupación razonable a tiempo completo, sino a lo sumo una agradable, ligera y caprichosa ocupación a tiempo parcial. Los artistas en Suiza siguen siendo algo dudoso, no aptos para la vida y necesitados de una limosna, con domicilio en aquel tranquilo rincón que aparece en cada uno de los homenajes poéticos oficiales. Hay razones concretas que nos han llevado a este enfoque, como la realidad de que Gottfried Keller se vio obligado de una manera deplorable a convertirse en escritor estatal de Zúrich para poder subsistir, y la circunstancia de que Gotthelf era madrugador, la más suiza y tremenda de todas las virtudes, de modo que junto a su profesión como escritor, y con falta de compañerismo, quiso practicar la de párroco.

La situación del mercado: quien quiera vender una mercancía tiene que estudiar el mercado. También el escritor. El suizo queda obligado a él en aquello que lleva a cabo, nada de bromas, todo le lleva fácilmente a lo festivo, lo honrado, y por eso tampoco sabe de ellas en el arte: las musas no se ríen ni pizca con él, sino que corresponden a su exigencia de calidad sólida y se mantienen eternamente. Quien está envuelto en el día a día suizo necesita su orden, conoce los ideales a la luz de la lámpara del escritorio, en funciones o en su negocio, pero le llegan de manera injustificada fuera de lugar; arte y realidad están separados, aquél debe embellecer ésta, y no minarla. Cuanto menos ética sea la realidad, más ético y positivo debe ser el arte (no sólo el Politburó ruso exige héroes positivos); el mundo tiene que ser bien representado por el escritor, el ingenio tiene que asegurar a los consumidores, alabar, no inquietar; debe presentar un divertimento, no una traba: la literatura de lo positivo, lo que uno anhela, que sólo rinde ciertamente como ocupación secundaria, y así también surte un efecto algo molesto en la opinión pública la pregunta sobre la profesión del escritor, planteándose solamente la pregunta de la vocación, que *también* es naturalmente posible e importante, pero que yo quería excluir aquí, puesto que quien pregunta sobre la profesión del escritor, plantea una pregunta concreta a la realidad.

Libertad: ya que se recurre a la libertad para el orden social, uno se ha acostumbrado también a hablar de la libertad del escritor. En general se comprueba calmadamente que el escritor del Oeste es libre; el del Este, por el contrario, es un esclavo que aun estando bien pagado no puede escribir lo que quisiera. La libertad. La libertad del intelecto se ha convertido en el argumento principal contra el comunismo, para nada inofensivo. Quien persigue sólo ligeramente la evolución de las cosas, ve claramente que los rusos hacen más por el intelecto que nosotros y es que a causa de que se han esforzado primero más por la educación popular y por la ciencia pasan más hambre que nosotros: ellos encadenan directamente un intelecto, con lo que se plantea la pregunta de hasta cuándo resistirán las cadenas.

Condición principal: cuando planteamos el problema de la creación literaria como profesión, tenemos que averiguar cómo se encuentra el tema de la libertad del escritor en nuestra realidad suiza. Si la creación literaria debe representar una profesión libre, entonces el escritor tiene que ver honradamente en la sociedad un nuevo socio al que no pueda atar con ningún compromiso, aceptar sus obras, puesto que sólo podría surgir un compromiso de la sociedad con él si éste se hubiera comprometido con la sociedad; la creación literaria, sin embargo, ya no sería en ese caso una profesión libre, sino un empleo. Si de ahí se toma en serio nuestra libertad, entonces el escritor se compromete por amor a la libertad, sin compromiso ante la sociedad, siendo crítico, mientras la sociedad quiere ser libre pero está obligada a respetar como principio la libre posición del escritor como condición principal, pero no puede comprometerse a garantizar la rentabilidad de la creación literaria como profesión.

El conflicto: como profesión, la creación literaria es un tema incómodo: no sólo para el escritor, también para la sociedad. La libertad a la que uno se refiere depende de la pregunta que uno silencia de buen grado, sobre si uno pudiera además permitirse esta libertad. El escritor es libre, pero tiene que luchar por su libertad. La lucha se lleva a cabo en el ámbito financiero. Incluso el intelecto cuesta. Éste sucumbe a la ley de la oferta y la demanda: una frase horrenda en el ámbito del intelecto.

Con relación a Suiza: por norma general, un escritor no se puede permitir aquí ejercer únicamente su profesión. La demanda a través de la pequeñez y su condición cuatrilingüe es demasiado escasa; si el escritor a pesar de ello tiene éxito, entonces significa que vive principalmente del extranjero. Esta circunstancia profesional da que pensar; el escritor suizo se debe más a otro para llegar al éxito, quiere ejercer su profesión libremente, tiene que conformarse con el extranjero. Suiza es su lugar de trabajo, pero no su mercado. En nuestro país la creación literaria como profesión sólo es posible como negocio de exportación. Esta realidad explica la desconfianza que se achaca al escritor que exporta. El suizo ha llegado a la opinión universal a través de esta creación literaria exportadora y es justamente esto lo que no quiere el suizo: él quiere permanecer como el ser idealizado en el que lo convierte el escritor del país la mayoría de las veces y al cual el mundo ha dotado de poco crédito.

Con relación a lo general: la creación literaria es posible como profesión libre sólo a través del éxito; el éxito, sin embargo, no dice nada sobre el valor de una creación literaria. Indica que el escritor ha producido una mercancía que se vende bien: que esta circunstancia no satisface, permítase puesto que sigue siendo la única posible, la creación literaria como profesión libre acaba siendo una empresa arriesgada con una salida injusta para muchos (y sin instancia para formular una queja). La situación es realmente desmoralizadora para el escritor cuando se inmiscuye el Estado: en lugar de lo profesional aparece la lucha por la posición dentro de la asociación estatal de escritores. Para el escritor libre se suaviza la situación, no sólo mediante la coyuntura económica, sino también mediante nuevos clientes. La televisión y la radio de Alemania Ocidental son, no por casualidad, de vital importancia; estas instituciones sencillamente necesitan obras (aquí Suiza tampoco es capaz de competir). Siempre es bueno para el escritor regirse por el mercado. Aprende a escribir, a escribir de manera sagaz, a dedicarse a lo suyo bajo condiciones impuestas. Ganar dinero es un estimulante literario.

Consuelo: que el ser humano tenga que ser entretenido sigue siendo aún el estímulo más poderoso del hombre para continuar ocupándose con los productos de la creación literaria. Mientras calculan el deseo de diversión, precisamente hay grandes escritores que a menudo escriben de forma divertida: ellos conocen su negocio.

11
DEL SENTIDO DE LA POESÍA EN NUESTRA ÉPOCA
(1956)

SOBRE EL SENTIDO de la poesía en nuestros días no es precisamente fácil decir algo coherente, sino tan difícil que no me atrevo a elucidar este asunto solo. Lo que soy capaz de aportar son reflexiones sobre el tema en cuestión, indicaciones, en qué dirección dentro de la selva y la espesura del actual caos del pensamiento tenemos que buscar si queremos encontrar algunas luces. Quiero manifestar de manera franca mis pensamientos, no del todo formulados. Lo hago tan sólo motivado porque se me pregunta como escritor, como autor de comedias, y no porque les atribuya valor más allá de lo personal. Hasta aquí todo en orden. En *El banquete,* Platón, con Sócrates a su lado, cedía la palabra a Aristófanes. Yo rehúso actuar como pensador; como diletante en esta actividad, puedo hasta expresarme despreocupadamente, como si perteneciera al ramo, y esto tiene también sus cosas buenas. Parto de algunos conceptos un poco obsoletos, a pesar de que a menudo se dice mejor lo importante si uno lo omite.

Ahora quiero confesar ya desde un principio que el tema me supone también mucho trabajo. No me apasiona hablar del sentido de la poesía. Escribo porque tengo el instinto para hacerlo, porque me encanta contar historias sin verme en la obligación de desentrañar activamente el enigma del universo. Todo esto requiere una explicación.

Nuestro pensar, me parece, está cada vez más e inevitablemente fuera del dominio de la palabra, al menos en lo que se refiere a las ciencias exactas. Ciertamente, la física y las matemáticas no son una misma cosa. Áreas extensas de las matemáticas tienen sentido solamente dentro de ellas mismas, pero si la física presenta la naturaleza a través de las matemáticas, éstas se convierten entonces no sólo en su medio de expresión, sino también en su método de reflexión. Naturalmente puedo reproducir una fórmula matemática o física mediante la lengua, pero con ello se volvería demasiado pedante y perdería su identificación más preciada, la de la espontaneidad. Para el matemático, por el contrario, se vuelve de difícil manejo, motivo por el que la abrevia y la hace fácil de comprender mediante cifras y símbolos y así poder operar con ella matemáticamente. Las matemáticas serán una lengua para iniciados, igual que una lengua "secularizada", de intachable claridad para los expertos; su contenido es siempre el mismo, las relaciones de sus conceptos siempre cuadran (todo esto hablando muy en general).

En la física ganan las matemáticas sólo un contenido en concreto, que queda fuera de ellas, en la física precisamente, pero sólo hasta allí donde la física las necesita. Visto así, las matemáticas no necesitan de la imagen, pudiendo ser en sí mismas como una operación con aspectos puros del pensamiento; por otra parte poseen una lógica más segura, inmanente, es cada vez más la física de la exactitud por el amor del pensamiento, entiendo como buenas sus nuevas tendencias, llegadas a ella, dejando escapar del mismo modo la percepción, la imagen, el modelo, en definitiva. La física presenta los comportamientos de la naturaleza no sólo matemáticamente, la entiende también matemáticamente. Un espacio multidimensional, pero también un átomo, es un sensible y no un matemático disparate.

Esta tendencia de faltar al sentido ya la reprobó Goethe. Él intentó separar la física de las matemáticas con su *Teoría de los colores;* superfluamente, lo sabemos. Ahora, por regla general, uno se consuela con la idea de que este camino fuera de la lengua hacia el mundo de los conceptos de las matemáticas sólo tiene lugar en el pensar de las ciencias naturales y, sin embargo, no en la filosofía o en las así llamadas humanidades, que aún se detienen en los dominios de la palabra. No obstante, me gustaría mencionar aquí la sospecha de que las ciencias naturales no sean la forma de la filosofía actual, que no nos hagamos ilusiones al creer que podemos conservar de alguna manera la vieja filosofía de la palabra; de que no sea tan fácil encontrar en Einstein o Heisenberg los cimientos de una nueva filosofía en lugar de en Heidegger. Nos hemos acostumbrado demasiado a considerar los efectos de la naturaleza como secundarios, como noticias sobre un mundo no espiritual o mecánico. Quizá deberíamos ser más modestos. Quizá a través de un pensar exacto y sincero sobre el mundo no importe realmente nada más que un vistazo a las funciones de una siempre secreta fuerza inagotable; que el resto fuera un "silencio" para los filósofos. Quizás la visión del mundo de la física sea sólo una expresión más que exacta de lo poco que sabemos. Quizás la filosofía no sea nada atrayente, sino algo enormemente insípido, a lo que en absoluto osamos atribuirle el título de "filosofía", porque, ante una realidad reconocida filosóficamente, nos encanta caer en la efusión o la desesperación, pero no en el bostezo, ¡que esto ya lo hace en física la mayoría! Lo importante es otra cosa.

La física, las ciencias naturales, se han visto, mediante su necesaria unión con las matemáticas, en buena medida extasiadas por el entendimiento de los profanos, es decir, para el entendimiento de la mayor parte de personas. Esto no tendría mucho peso si las ciencias naturales encerradas en sí mismas no tuvieran efecto en el exterior. Pero éste no es de ninguna manera el caso. Al contrario, arrojan nuevas posibilidades al mundo: radar, televisión, medicamentos, medios de transporte, cerebros electrónicos, etc. El ser humano se siente profundamente desubicado por cosas que tiene al alcance de la mano pero que ya no entiende. A esto se añade que la paz se mantiene provisionalmente por ese motivo, porque hay bombas de hidrógeno y atómicas, que para la inmensa parte de la humanidad, amenazada por ellas, a la vez preservada, son completamente incomprensibles. La técnica, podemos decir con una cierta cautela, es lo visible, los pensamientos convertidos en gráficos de nuestra época. Se asemeja a la física igual que el arte a la religión del antiguo Egipto, que sólo pudo llegar a entenderse por una casta de sacerdotes.

Hay que añadir a todo esto una nueva circunstancia. La humanidad, utilizando una expresión de la física, ha salido del ámbito de los números pequeños para entrar en el de los grandes. Tal como en las estructuras, que envuelven un enorme número de átomos, rigen otras leyes de la naturaleza que en el interior de un átomo, así varía el comportamiento del ser humano, cuando las relativamente reducidas y, por lo que se refiere al número de su población, pequeñas asociaciones del mundo antiguo van a parar a los inmensos y grandes imperios de nuestro tiempo. Hemos estado frente a organizaciones estatales de las cuales la certeza de que eran patrióticas había de tomarse con cierta cautela. De igual manera, la política actual se esfuerza a menudo por conservar unas ideas que ya no corresponden con la realidad estatal; de ahí el sentimiento general de encontrarse ante un malvado, impersonal y abstracto monstruo estatal. La política según la mentalidad antigua apenas es ya posible. Necesitamos un dominio técnico de los espacios técnicos; sobre todo una nueva y exacta diferenciación entre aquello que es del emperador y lo que es de Dios, de las zonas donde sea posible la libertad y de aquellas en las que no lo es. El mundo en que vivimos no ha entrado tanto en una crisis del conocimiento como en una crisis de llevar sus conocimientos a la realidad. El mundo está sin presente: o bien muy anquilosado en el pasado o bien abandonado a un futuro utópico. El ser humano vive hoy día en un mundo que conoce menos de lo que pensamos. Ha perdido el concepto, no hace caso de los símbolos. Que hoy se nombre a nuestra época como uno de los símbolos tiene su razón en que en verdad se ha convertido en un símbolo de la abstracción. El ser humano no entiende de qué trata el juego, él se imagina como un juguete de los poderes; los sucesos universales le resultan más poderosos de lo que él podría convenir; lo que se dice le resulta ajeno; el mundo le es ajeno. Él percibe que se ha erigido un concepto universal, que aún tan sólo el científico entiende, y se siente una víctima de la gran cantidad de artículos de conceptos del mundo moderno y de los símbolos universales, que se lanzan al mercado y que se encuentran a la vuelta de cada esquina.

Ésta es la época en la que también vive el escritor. Él se siente del mismo modo amenazado como ser vivo y como individuo. No me refiero, sin embargo, con esta amenaza a que el escritor se encuentre delante de unos nuevos medios técnicos. Se puede también hacer poesía en la tele y en la radio. El hecho de que haya hoy por hoy una televisión, una radio, etc., representa para el escritor una diversificación de sus medios; aunque con respecto al escritor dramático quiero apostillar desde ya que para él, la palabra, la lengua, no lo son todo, sino sólo un resultado final, al que el actor tiene que llegar una y otra vez. La palabra pura no existe ni en teatro, ni en radio ni en televisión, porque en la obra dramática no se puede extraer nunca nada del ser humano. Se trata en conjunto de la persona, de la persona que habla, que va hablando durante la obra. Si se mira en el cine, igual que en televisión, por el ojo de la cerradura, y en teatro por una caja, en el guión radiofónico se escucha ante una puerta cerrada y sin cerradura. Qué es lo mejor me parece una pregunta superflua. Es una disputa entre métodos, en la que todos tienen razón. En el guión radiofónico se abstrae el mundo en el ámbito del oído: ésta es su gran posibilidad y su gran debilidad. La ventaja del teatro frente al guión radiofónico, pero también la del cine o de la televisión, se basa en que en ellos la lengua no se concibe como un medio inmediato, sino como la verdadera cumbre más acentuada. El teatro tiene una gradación mucho mayor que el guión radiofónico. En el guión radiofónico se le amputa el oído al mundo; en el cine, la imagen. En ambos se logra una gran intimidad. Si en el cine se ve cómo la gente se desnuda, en el guión radiofónico se oye cómo cuchichean entre ellos. Ante estas diferentes posibilidades que ofrece la técnica, el escritor tiene que responder sólo artísticamente y esto es posible cuando percibe que cada una de las posibilidades técnicas exige un texto diferente; que un texto de teatro es algo completamente diferente a uno de guión radiofónico o de televisión. El peligro para el escritor está hoy en día en otra parte. Se ve fácilmente seducido a interpretar un papel que no le corresponde. La infalible filosofía le ha cedido el cetro. Ahora uno busca en el escritor lo que no encontró en aquélla, sí, incluso debe reemplazar la falta de religión. Si el escritor antaño escribía cosas, ahora escribe sobre cosas. Sirve de profeta, y mucho peor aún, se considera uno. No hay nada más peligroso para un artista que la presunción del arte. Parece poder soportar cualquier menosprecio. En el clima de incienso del actual gusto por lo absoluto el arte se puede ahogar.

El escritor comprueba que hoy en día hemos topado con una realidad que queda más allá del lenguaje, y no camino de la mística, sino camino de la ciencia. Ve el lenguaje con límites, y ante esta constatación comete un error lógico. Él no ve que la limitación sea algo natural, porque el lenguaje ahora no sólo tiene que estar pegado a la imagen, quiere seguir siendo lengua, sino que intenta superar ese límite e incluso hacerla desaparecer. Pero el lenguaje es algo inexacto. La exactitud la obtiene solamente a través del contenido, a través del contenido preciso. La exactitud, el estilo del lenguaje se determina a partir del grado de la lógica inmanente de su contenido. No se puede trabajar en el lenguaje, sino solamente en pensamientos; se trabaja en pensamientos mediante el lenguaje. El escritor actual trabaja muy a menudo en el lenguaje. Él lo diferencia. De ahí que le sea en principio indiferente lo que escriba. De este modo escribe la mayoría de veces sobre él. ¿Qué se supone que debe hacer el escritor? Primeramente tiene que entender que tiene que vivir en este mundo. No escribe poesía en ningún otro, tiene que entender que nuestro presente es necesariamente así por culpa de la naturaleza humana. El pensamiento abstracto del ser humano, la actual falta de símbolos en el mundo, que se rige por abstracciones, no puede seguir evitándose. El mundo se convertirá en un espacio técnico colosal o sucumbirá. Todo lo colectivo crecerá, pero su significado intelectual empequeñecerá. La oportunidad queda solamente para lo individual. Lo individual tiene que dar razón de ser al mundo. A partir de él hay que lograrlo todo de nuevo. Sólo desde él, ésta es su tremenda restricción. El escritor se rinde y ya no quiere salvar el mundo. Él se arriesga a darle forma al mundo, a conseguir un símbolo de su falta de símbolos.

¿Pero cómo le da forma el escritor al mundo, cómo le da una cara? Llevando a cabo decidido otra cosa que no sea filosofía, que quizá ya no es posible. Dejando decidido el pensamiento profundo a su libre albedrío; utilizando el mundo como materia. Éste es la cantera de donde el escritor debe cortar los bloques para sus edificios. Lo que el escritor lleva a cabo no es una copia del mundo, sino una nueva creación, la formación de mundos propios que, debido a que los materiales para su construcción están en el presente, dan una imagen del mundo. ¿Pero qué es un mundo propio? El ejemplo extremo: *Los viajes de Gulliver*. Todo en ellos es inventado, se construye de la misma manera un mundo de nuevas dimensiones. No obstante, a través de la lógica inmanente, interior, todo vuelve a ser un símbolo de nuestro mundo. Un mundo propio lógico no puede desaparecer de nuestro mundo. Esto es un secreto: la comunión entre el arte y el mundo. Sólo tenemos que trabajar con textos. Con eso basta. Si el texto tiene fundamento, la obra también estará bien. Si el escritor es consciente de esto, se alejará también de lo personal hacia la posibilidad de una nueva objetividad, de una nueva época clásica, y si Uds. lo quieren, se abrirá una superación de la época romántica.

El escritor tiene que convertirse en trabajador. No tiene que construir los textos mediante la dramaturgia, sino posibilitar cada texto mediante la dramaturgia adecuada para el texto. En alemán existen las dos expresiones "hacerse una idea" y "estar al corriente". No "estaremos nunca al corriente" de este mundo si no nos "hacemos una idea" de él. Este hacerse es un acto creativo. Puede llevarse a cabo de dos maneras: mediante la reflexión, con lo cual tendremos que coger necesariamente el camino de la ciencia, o mediante la nueva creación, la visión del mundo a través de la imaginación. El sentido de ambas tendencias, o mejor dicho, de ambas actividades, es lo que aquí propongo. En el pensamiento se manifiesta la causalidad tras todas las cosas; en la mirada, la libertad tras todas las cosas. En la ciencia se muestra la unidad, en el arte la diversidad del enigma que llamamos mundo. Mirar y ver aparecen hoy en día separados de una manera peculiar. La superación de este conflicto reside en que se tiene que soportar. Sólo soportándolo se superará. El arte, la creación literaria, es, como todo lo demás también, un satisfacer las exigencias. Si entendemos esto vislumbraremos también el sentido.

12
SOBRE WALTER MEHRING
(1956)

ABORDANDO en profundidad su vida, se podría escribir una moderna *Odisea:* las persecuciones que sufrió, las artimañas que tuvo que emplear, incluso la miseria en la cual él se sumió no sólo en Europa. Antaño popular, cantado por muchos, cantores populares y líricos, un artista del lenguaje de primer orden, asiduo de la jerga, dramaturgo, traductor, conocedor de la pintura, alemán en el papel, francés en el corazón, un berlinés en definitiva, *homme de lettres,* siempre claro, siempre incorruptible, escribió los últimos poemas en Estados Unidos, y antes en el campo de refugiados en Francia. Poemas en los que se renuncia a salvar un concepto del mundo o de un partido, lo cual ya sucedió: la tortura está sola ante el verso. Todo aparece en el aspecto humano de las catástrofes reducido; todo consuelo lanzado por la borda. Este Mehring ya no es popular. Las personas han querido cantar u olvidar sus pérdidas, a través de las bocas de las víctimas hablan los mismísimos crímenes. Mehring enmudeció, más aún, cometió precisamente la desfachatez de cumplir sesenta. Odiseo no tenía que regresar a casa ni perecer, ambas cosas son igualmente de agradecer para la fama, igualmente útiles; Mehring huye simplemente. Con ello se da por satisfecho. Su Ítaca ha sucumbido. No cabe regreso alguno, incluso cuando se instala en Europa, provisionalmente, y en la actualidad en Zúrich. Detenido por muchos, ya no se deja detener. Puesto que conoció la violencia en todas sus manifestaciones y circunstancias, ya no incurre en ninguna más, no se fía del suelo que pisa, y considera muerto lo que cree que aún vive. Obstinado, a menudo recalcitrante, porque ya no quiere que sigan abusando de él. Del lírico ha salido crítico, mejor aún, una persona que comprueba lo que ha sobrevivido con él, que busca lo que aún le queda, indestructible, aun cuando se ha perdido la biblioteca. De regreso permaneció en Europa, con el rostro pintado por una de sus víctimas, un resto de humanidad, algunos colores, a pincel sobre un lienzo, un resto de fe, algunos libros, franceses, ingleses, alemanes incluso, una leve manifestación del intelecto, a la que nada se debería perdonar pero que constantemente debiera ser útil.

13
¿HAY ALGÚN TEXTO ESPECÍFICAMENTE SUIZO QUE TUVIERA QUE LLEVARSE A LA PANTALLA DE CINE?
Respuesta a una encuesta
(1957)

POR UNA PELÍCULA suiza no se entiende, evidentemente, una película hecha por suizos, con lo que la pregunta sobre el texto sería superflua, ya que ¿por qué los suizos no deberían poder utilizar cualquier texto del cual se pudiera hacer un filme? (Análogo a esto, con lo que me ocupo como escritor de teatro; la cuestión de si alguno de mis textos es o no suizo no me ha inquietado nunca.) Se entiende por una película sobre textos helvéticos aquella que tiene que ser apta como artículo de exportación. Esto sobre todo. Ante la exigencia de lo intelectualmente positivo se encuentra siempre imperturbable la exigencia de un buen negocio. En una película no se puede renunciar a que resulte un buen negocio. Los costes de producción son demasiado grandes y no se debe tampoco perder de vista, a pesar de la mentalidad positiva, la idea de querer hacer feliz a la humanidad. Si se asume el riesgo, los textos están en la calle. Los buenos textos, puesto que sólo éstos están allí.

Pero yo soy escéptico. La situación es desesperante. Nuestras virtudes son más interesantes para el mundo que nuestras debilidades, es decir, queremos exportar textos suizos, luego tienen que ser como ya son. No podemos (ya que la película tiene que ser un negocio) representarnos a nosotros mismos, pero sí a nuestras leyendas. Me refiero, por ejemplo, a que pronto tendremos, ¿qué apostamos?, una película de Pestalozzi, por qué la película no debería jugar ese eterno triunfo de la intelectual Suiza (que sería seguramente también un negocio), cuando nos haría falta una película sobre ese absurdo estudiar tan asiduo en nuestras escuelas, etc. El suizo no se puede permitir cantar una canción en el filme, una que pudiera cantar de memoria, tiene que cantar a lo tirolés[1], en el sentido literal y en el sentido figurado de la expresión. Y de este modo aparecemos en nuestras películas, vistos como consejos federales; así enaltecemos nuestras ficciones para pasar por delante de nuestros problemas. Resumiendo: la leyenda de nuestras virtudes ahoga la posibilidad que quizá se encuentre en nuestros vicios.

Nota

[1] Canto típico de los pastores en las montañas del Tirol pero también de otras regiones de Suiza.

14
SOBRE ESCRIBIR
Discurso para una lectura en Múnich
(1959)

Damas, caballeros,

En realidad me proponía leer algo de mis obras, pero ya que la obra de teatro en la que estoy trabajando es prácticamente una pieza musical, y por desgracia no soy capaz ni me imagino poder cantar, tengo que prescindir de la lectura y ofrecerles la conferencia con la certeza de que se van a asustar menos que con la obra teatral, pero también con el temor de que me aborrezcan. Tanto más cuando tengo como propósito manifestar algunos pensamientos sobre mis esfuerzos literarios, siempre que se refieran al teatro. Esto no me resulta, damas y caballeros, les confieso abiertamente, nada fácil. De manera especial y precisamente aquí en Múnich. He sido representado varias veces en esta ciudad y la mayoría de ellas severamente sacudido, y no sé muy bien qué postura adoptar: la del culpable –al tipo Emperador Enrique IV el dramaturgo ante un crítico Carossa; un rol que sería muy cortés, pero no para mí– o la del indiferente, que se acercaría más a la realidad pero que sería harto descortés.

Creo que mejor solventamos la cuestión no entrando en ella. Esta noche quiero repasar mis teorías sobre el teatro sin provocar un conflicto de conciencia, habiendo seguido yo dichas teorías, les pido como mis anfitriones la cortesía de olvidar mi ejercicio y cerrar un ojo, ya que finalmente también es posible, por ejemplo, que un mal conductor se rodee de maestros muy útiles para la conducción, que por su locura de considerarse a sí mismo en secreto como un buen conductor, no se le debiera amargar, ni hacer caso. Sin embargo, esta noche no sólo me tengo que excluir yo, si no también a los críticos y estudiosos literarios. No pretendo bajo ningún concepto pelearme con ellos por la sencilla razón de que sobre lo que ellos hacen o dejan de hacer no estoy nada al día, tan poco enterado que no tengo ni idea de qué acciones de la bolsa literaria son las que están en alza. Como escritor hago literatura, pero cada vez entiendo menos; en particular sobre la ciencia que se ocupa de la literatura estoy muy vagamente orientado. Tal como veo, se ha desarrollado por una parte hacia una eminencia y autonomía tales que ya tiene suficiente con dos y hasta cuatro clásicos; la nueva literatura estorba. Ciertamente, uno se muestra benévolo ante lo insignificante, pero la gigantesca catedral de la literatura está construida y acabada. Ante esta iglesia de la literatura se encuentra otra, más sectaria; el campo de visión abarca desde Benn a Ionesco; en estas conspiraciones ya se sobrepasa al ser humano moderno. Sin embargo, en estos círculos me parece que la ciencia literaria llega a ser mayor que la creación literaria, en la que se basa sin duda, y en verdad me gustaría proponer, si fuese crítico literario, dejar desaparecer la literatura, para llegar a la ciencia literaria en sí. En cualquier caso, el que tras la lectura del listín telefónico se gritara: "¡La trama es prácticamente nula, pero chico, lo que son los créditos!", me parece sintomático. En este círculo cada vez más hermético de la literatura, en estas aguas tranquilas de la reflexión sobre la literatura no quiero tirar ninguna piedra. No quiero atajar, ninguna corriente espiritual, detener nada ni confundir nada. Soy un escritor de comedias y en todos los otros ámbitos un laico, sobre todo, en el de la crítica literaria. Por este motivo me dirijo hoy no a estudiosos literarios y críticos –algunos debieran estar en contra– sino simplemente a muniqueses reunidos aquí, por consiguiente a amantes de la cerveza, gente que va al teatro y demás cosas que aún pueda haber en Múnich. Estando aquí todos nosotros, así quiero ahora mismo expresar con palabras la dificultad principal de mi profesión. Ante todo radica en que siempre se me pregunta por qué escribo realmente. Precisamente esta pregunta muestra la dificultad de mi profesión. Ésta se plantea porque al parecer mi profesión no es considerada como real. Pues yo doy una respuesta real, como para mantenerme a mí y a mi familia o para hacer reír a la gente y, algo igualmente importante, para hacerla enfadar. Y el que pregunta se enoja, puesto que pregunta para oír algo totalmente diferente, por ejemplo, que yo escribo por un impulso interior. Sin embargo, con la mano en el corazón, aun cuando fuera por un "impulso interior", quién osa hablar razonablemente de eso. "Yo escribo para mantener a mi familia" es una respuesta razonable. Sin embargo, con ello hemos topado de soslayo con las dificultades de la creación literaria de la época actual, puesto que la pregunta sobre el significado del porqué de escribir se plantea siempre porque va de la mano de la opinión que es costumbre en el país. El escritor tiene que decir algo cuando escribe. Y algo que decir tan sólo lo tiene el que tiene algo extraordinario que decir. Y así, la pregunta: por qué uno escribe, del ciudadano de a pie, se repite de diferentes formas en la crítica que investiga tras el mensaje de una obra. ¿Cuál es el sentido de una obra? ¿Cuál es su mensaje? Esta pregunta, pues, me causa la mayoría de las veces mucho fastidio, me pone en un apuro. Tenemos que entrar más a fondo en ella. Preguntado por el sentido de mis obras respondo mayoritariamente que, si yo supiera el sentido de mis historias, tan sólo escribiría el sentido, solamente el mensaje, y me podría ahorrar el resto. ¿Sostengo con esto que mis comedias no tendrían ningún sentido? No lo creo. Opino más bien lo siguiente: si nos preguntamos sobre el sentido de la naturaleza se nos ocurre por norma general dejar paso al estudioso. Su tarea no es investigar el sentido de la naturaleza, sino la naturaleza en sí, sus leyes, sus formas de comportamiento, su estructura. Mas no revela la naturaleza. Su sentido tan sólo puede estar fuera de ella, la pregunta sobre su sentido es una pregunta filosófica. Parecida es la cuestión sobre el sentido de una obra de teatro, por ejemplo. Esta pregunta no es para planteársela al autor, sino al crítico que, por todos es sabido, tiene una respuesta para todo. El sentido de una obra artística se establece fuera de la misma, en otro plano, y el escritor puede sostener con pleno derecho que para él el sentido, el mensaje de aquello que ha escrito no le interesa, o sea, con el derecho que posee como creador. El padre no necesita hacerse responsable de su creación. Aun así, desgraciadamente, la situación de los escritores no es tan sencilla. Ellos mismos han mezclado el sentido de sus creaciones, del que no necesitan saber nada (sus obras mezcladas otra vez). Por diversas razones están fuera, en la época; al escritor lo han educado como conciencia, desde hace ya mucho; él se siente como escritor, quiere saber lo que hace, seguir a su sentido, ubicarlo él mismo. No es que los escritores de otras épocas hubieran sido hombres ingenuos, pero su conciencia estaba en la forma, sus estilos lo dominaron todo, su retórica transformó cada fábula. Nosotros nos hemos vuelto más conscientes del contenido –una frase que se aclarará sin duda más adelante en el transcurso de mi conferencia–. Además, al escritor le ha llenado de admiración el sentimiento a través del tiempo, el tener que aconsejar, entrometerse, cambiar. Él considera su obligación tener que comprometerse. Todo esto es comprensible. Y es en este punto del análisis donde urge plantearse la pregunta sobre la esencia de aquello que un escritor escribe, y más exactamente, es decir, referido a mi caso, sobre la esencia de la obra de teatro. Queremos, antes de abordar esta cuestión, hacernos la pregunta de si una obra de teatro tiene que suponer un compromiso o no, si tiene que poseer un mensaje o no. Esta pregunta se merece un análisis a fondo. Por mensaje queremos entender aquí todo algo universal. El sentido en sostener que una obra de teatro debe poseer un mensaje consiste en que de algo peculiar, especial, que representa cualquier trama de una obra de teatro, debe saltar algo general, un conocimiento común, un resultado. Si analizamos a este respecto una obra, como *Antígona* de Sófocles, observaremos con facilidad que lo común de esta obra de teatro no se encuentra en una frase en concreto, sino en lo suprapersonal de la cultura helénica, en una muy concreta religiosidad helénica de Sófocles, y que la dificultad que nos ofrece esta pieza, está en el desconocimiento del panorama general de por aquél entonces. El mensaje de Sófocles es, tan sólo en parte, rápido de entender. Por mensaje se debe expresar el pensamiento del escritor de teatro. Ahora pues queda claro, que el mensaje debe resultar más comprensible, cuanto más general sea el pensamiento del dramaturgo. Un escritor católico será entendido sin más por los católicos; un seguidor de una pequeña secta quizá tope ante la mayoría de personas, siempre que éstas no pertenezcan a dicha secta, con dificultades. Cuanto más individual, más subjetivo el pensamiento de un escritor, más difícil su mensaje. Pero lo que para un autor de novelas, para un lírico puede ser aún posible, el dramaturgo sufre más bien un naufragio. Su arte tiene que suceder inmediatamente, tiene que rodar; la sagacidad paraliza, las oscuridades hacen los personajes más visibles. El mensaje del dramaturgo tiene que tener en sí algo de repente evidente, algo, entonces, que quizá los mensajes actuales en sí no pueden tener; por este motivo precisamente el dramaturgo actual corre el peligro de convertirse en algo banal, si quiere llegar al mensaje. Aquí se deja señalar, mostrar exactamente la desgracia. Ante todo, para no caer en ningún malentendido, nada en contra de las así llamadas perogrulladas, toda época las padece, que justamente las menospreció. Una perogrullada puede ser algo espantoso, la expresión de un conocimiento repentino y profundo o algo banal; tan sólo depende de qué colectivo viene el mensaje.

Siempre es el colectivo, el fondo, más importante que la frase, las frases sueltas, los niños más que lo materno, para que crezcan, los coches más que los buenos conductores, para que se conduzca bien y el valle más que los que lo riegan, para que dé frutos;

puede más o menos sostener cualquiera, cualquier capitalista, cualquier comunista, un colono, un Pestalozzi y un Bert Brecht. Tan sólo depende desde qué mundo se hable, si se convierte en banal o no, y banal pasa a serlo en el momento que me comprometo como escritor de alguno de los partidos actuales. Ahora sé perfectamente lo peligrosa que puede ser esta frase y cuán equívoca. Con ello quiero sostener que el escritor no debe ser político; hoy en día sólo puede ser político, pero precisamente por eso no puede pertenecer a ningún partido, no puede comprometerse. Esto se basa en su obra, que no es un compendio de mensajes más o menos correctos, filosofías y opiniones sino elementalmente otra cosa. Cada uno surte el máximo efecto cuando se dedica a lo suyo; el dramaturgo, cuando escribe obras. Este acto del escribir pues, sostengo, es diferente al acto de filosofar o al acto de rebelión sobre abusos, estupideces, mojigaterías. Bien entendido: solamente este acto, sólo las horas en las que él es dramaturgo por completo y nada más; lo que paralelamente es, lo que piensa, a lo que se aferra, hacia qué partido tiende, son sus asuntos y en el momento de escribir no tienen relevancia alguna...

15
FRIEDRICH SCHILLER
(1959)

Damas, caballeros,

Como Uds. ya suponen, se me concede el premio Schiller de la ciudad de Mannheim de este año, de manera que me es imposible que Schiller también lo celebre, una tarea a la que me tengo que someter forzosamente, a pesar de que no tengo del todo claro a quién se lo debo agradecer, si a Schiller o al señor alcalde. A pesar de que a muchos, por no sólo las suyas, sino por razones mías comprensibles, les gustaría negarme el derecho a hablar aquí, me puedo conceder por lo menos un cierto derecho: no sólo porque hablo suizo del mismo modo que, como Schiller, estamos al corriente, hablaba suevo, sino también porque Schiller acabó escribiendo finalmente el drama nacional de los suizos, y no el de los alemanes. Sin duda alguna lo conocía bastante mejor que nosotros. Si hubiera sido suizo, quizá un súbdito de los señores de Berna, nos hubiera abandonado de todos modos.

A pesar del gran honor, me supone mucho hacer este discurso. Se presentan pensamientos de otro tipo. No soy un estudioso de la literatura ni un conocedor de Schiller. Mi profesión de escritor imposibilita una ocupación más ocasional y a ratos libres con la literatura. No estoy técnicamente en la disposición de situar a Schiller en la cumbre del panorama de los hombres más célebres del traspasado siglo XVIII y desde el sur como intachable. También me falta el ímpetu para ocuparme más de cerca de aquella literatura que se ocupa de la literatura. Me gusta expresar solamente suposiciones, sin la posibilidad de seguirles el rastro; demostrar lo supuesto de una manera minuciosamente científica, pero sin tener ganas de que, quizá por presentimiento, en realidad se pueda demostrar mucho en el ámbito literario, y desde la sospecha de que una prueba aquí posiblemente no signifique nada, porque tiene lugar en un plano diferente; a saber, en el tablero de ajedrez de la especulación, y con ello no puede ni debe observar las discrepancias que se mezclan en el ámbito de lo auténtico con los fenómenos de una manera tan obstinada y molesta.

A una celebración le corresponde también un discurso festivo, una promesa de quien lo celebra, un panorama de su vida, detenerse en su obra, profundamente y desde un punto de vista elevado, pero también un poco de mentira, exageración y demasiado alarde.

Si a este respecto tengo que decepcionarles, discúlpenme. No es por falta de respeto cuando abandono el acto de endiosar a Schiller en lo absoluto, lo perentorio, lo ejemplar; y de comportarme como si los clásicos fueran lo más sagrado de la nación, no porque no los considere buenos, sino porque desconfío de las naciones en ese aspecto. Para el escritor en activo, sin embargo, solamente puede ser útil una relación humana con los clásicos. No los quiere ver como ídolos, como ejemplos inalcanzables, sino como amigos, incitadores, interlocutores o, incluso, con la misma legitimidad, enemigos, creadores de novelas a menudo aburridas y de obras de arte patéticas. Él quiere acercarse a ellos y volverse a separar; escribe para poderlos olvidar y también es legítimo que realmente le moleste en el proceso de escritura, de planificación y de construcción que algunos hayan escrito antes que él y cómo lo han hecho, ya que cada producción está unida en algún momento a un delirio de grandeza.

Pero no quiero hablarles del efecto que ejerce Schiller con algunas de sus obras aun de manera justa en el teatro, sino del diálogo que mantengo con Schiller, de la imagen que yo me hago de él, absolutamente poco científica; ya lo he añadido, de la imagen de la necesidad personal de trabajar, del control del propio trabajo. Incluso nosotros los escritores deberíamos saber de vez en cuando lo que hacemos, y esto lo podemos hacer de mejor modo si averiguamos lo que otros han hecho. Si este método tiene la ventaja de que tan sólo necesito hablar de aquello que me interesa de Schiller, muestra, sin embargo, la desventaja de que se ocultan aspectos importantes de su trabajo, como la relación de Schiller con la Antigüedad, su lírica, su importancia como historiador, etc. También me interesan en realidad no sólo sus dramas –la mayoría de las veces los evito educadamente, de manera cauta, por una natural autoprotección y porque tengo muchas dificultades con ellos–, sino mucho más el pensamiento dramático y filosófico que se esconde tras ellos. Esto quizá no parecerá muy evidente. Aún en nuestros días a Schiller se le considera una cabeza pensante, que de una manera extraordinariamente sagaz informa de la dificultad especial de su creación literaria. Fue una cabeza pensante de la literatura alemana de por aquel entonces, pero no una gran rareza en la actual, tan sólo hace falta contar sin pensar demasiado: Lessing, Herder, Wieland, Lichtenberg, Humboldt, Goethe, etc.

Ante esta general, poderosa e inusual preclaridad del intelecto en el ámbito alemán, hacer aún más hincapié en la sagacidad de Schiller se antoja superfluo. Se sobreentiende que aquí también se le considera grande y sagaz. Por otro lado, y eso es innegable, sus escritos filosóficos no se cuentan entre sus trabajos más conocidos.

Su manera de hacer filosofía a muchos les parece anticuada, especulativa, que esquematiza. Sus escritos sobre lo trágico, sobre gracia y dignidad, sobre poesía ingenua y sentimental, sobre lo sublime, etc., son admirados como una gran prosa, pero aparecen como anquilosados en los conceptos, cargados con demasiado significado, estéticos y éticos por igual, que moralizan sin poderse apenas rebatir, pero aislados, sin relevancia para el presente, sublimes pero infructuosos.

Así de difícil es el acceso al pensamiento de Schiller. Aun así yace abierto en muchos lugares, especialmente en sus cartas. Se explica sin pausa. Echemos un vistazo a su creación literaria, en esa profesión por aquel entonces tan lamentablemente poco rentable. Primeramente vamos a admirar al organizador. Esta es la faceta de Schiller más inquietante. Se crean revistas, se fijan cuestiones de honorarios, se incorporan colaboradores, la crítica se organiza, a menudo, sin no poca sospecha, huele a monopolio literario; el público llega a ser considerado como un factor que quiere ser engañado, con el que uno se encuentra en pie de guerra, con el que hay que contar mucho pero con el que se gana poco. Además, y más importante aún, el funcionamiento de su taller queda en nada. Vemos cómo las máquinas se oxidan. Los planes se llevan a cabo, se empiezan, se redactan, se investigan textos, lo que va en contra, lo que está a favor; esta empresa necesita mucha dedicación, cuesta todo mínimo esfuerzo, de lo que tendría que estudiarse, qué investigar, dónde está la dificultad dramática, cómo adelantarse a ella, dónde tendría que quedarse parada la trama, retardada, acelerada. Todo es explicable, sin misterio de trabajo, pensado en efectos, diseñado para el escenario. La dramaturgia se lleva a cabo, como Lessing lo hizo, como un arte de escribir obras de teatro, como una reflexión sobre lo que el teatro quiere y puede, como algo que se puede aprender, como una ciencia, en definitiva. Schiller domina las reglas dramáticas en el momento en que las deja reinar. Su dramática depende de la muy segura y sólida dramaturgia, no sin razón se ha convertido él precisamente en el dramático de los maestros de escuela.

Esta dramaturgia apunta a lo retórico. El ser humano se coloca en escena para poder irrumpir retóricamente. Dramaturgia de ópera. Por supuesto, este proceder tiene sus repercusiones concretas en el mundo del escenario en que se representa. Aceptar lo retórico se presenta entonces obligatorio cuando surge de las funciones de las personas dramáticas, que llevan la trama. Casi como en un proceso judicial. Las personas se establecen, se reparten sus roles: el juez, el fiscal, el acusado, el abogado defensor. Cada uno de ellos posee su función concreta dentro de la trama. Discurso y réplica, acusación y defensa y finalmente el fallo se suceden de forma natural y retórica; quieren algo en concreto, revelan algo en concreto. De la misma manera que en este modelo general se incluyen también los personajes de los dramas retóricos, se sancionan sus funciones mediante el estrato social de su mundo: el rey, el soldado, el ciudadano.

El drama retórico presume un mundo cerrado y socialmente estratificado, una jerarquía que se presume en el escenario pero que también se puede representar, condensado en un marco de interpretación, en el cual cada uno de los rasgos interpretativos, por lo que se refiere a su exactitud, son revisados. Esta premisa de la antigua dramaturgia es también la premisa de Schiller. La concepción de sus dramas se medita hasta sus últimas posibilidades, a menudo de manera demasiado precisa, ya que una concepción completa hace la representación realmente innecesaria, la cual, entonces, se lleva a cabo, pero puede conducir a errores, a actos poéticos fallidos singulares. Ocurren por amor a la concepción y estropean en menor medida aquello que se concibe sólo vagamente, que proviene de lo poético y de la experiencia, de todo aquello que cayó forzosamente en lo dramático, por ejemplo, un Shakespeare.

Pero Schiller, que viene de la concepción, conoce a la perfección todas las reglas, tretas, posibilidades; uno puede tan sólo asombrarse de cómo entiende él el hecho de exponer, de distribuir, de aumentar, de retardar, de dar forma a los mutis y a las entradas en escena, de colocar los efectos finales; "al hombre se le puede ayudar, Cardenal, yo he hecho lo mío, haga Ud. lo suyo, al *príncipe* Piccolomini, el Lord le presenta sus disculpas, ha tenido que zarpar en barco hacia Francia y declaro libres a todos mis siervos"; ¿qué son estas condensaciones finales?, cómo crea también efectos, a menudo sin ningún inconveniente; Hollywood no lo haría mejor ni más espectacular. Se lo puedo asegurar.

Tras todo este sorprendente bagaje técnico, tras todo el instinto para la escena, en lo que hace referencia al teatro y a lo teatral, tras todas esas arias retóricas y polémicas, que son posibles a través de su dramaturgia, se esconde aún otro saber, el reconocimiento de las leyes, que provienen no del objeto sino del drama. Esto se consigue al parecer con una simple clasificación. Él divide la poesía en ingenua y en sentimental. En realidad a través de él es posible, no desde las reglas ni desde un concepto de estilo, sino partiendo del poeta, determinar la poesía desde la relación que tenía con aquella época. Si se fijaban las leyes mediante la dramaturgia, éstas se dictaban según la época. Los poetas, escribe él, son en todas partes, según sus conceptos, los protectores de la naturaleza. Allí donde ellos ya no pudieran seguir siéndolo y experimentaran en su propia piel el influjo destructor de formas caprichosas y artificiosas o tuvieran que haber luchado contra sí mismos, entonces aparecerían como los testigos y los vengadores de la naturaleza. Ellos serían la naturaleza o buscarían la naturaleza perdida. De ahí se suceden dos maneras muy distintas de hacer poesía a través de las cuales se crea y se mide todo el ámbito de la poesía. Todos los poetas que realmente lo sean, dependiendo de la época en que se hayan formado, en la que florecieran, o que tuvieran el influjo de circunstancias casuales en su formación general o en su pasajero estado de ánimo, pertenecerían a la ingenua o a la sentimental. Estas frases no requieren más atención. Todo el ámbito de la poesía debe ser creado y medido desde lo sentimental por medio de la diferenciación del poeta ingenuo. Por consiguiente, también la poesía dramática, cuya cuestión principal es de qué manera entonces podría ser reproducido el mundo a través del teatro.

Si existen dos maneras de hacer poesía, la ingenua y la sentimental, tienen que darse también dos posibilidades diferentes de representar el mundo a través del teatro. Tenemos pues que hacer una restricción necesaria. En cierto sentido, el teatro es siempre algo ingenuo. Tenemos que, a saber, hablamos de las reglas del arte dramático, tener presente que con estas reglas no sólo buscamos alcanzar una obra de arte, sino, además, debiendo tener el escenario un sentido, el carácter inmediato del efecto teatral. Este efecto inmediato es, no obstante, posible sólo cuando presuponemos de modo general una cierta ingenuidad en el público. Una obra de teatro transcurre en el escenario, se desarrolla ante los ojos del público, siendo así un suceso inmediato. El público es en un momento de la representación forzosamente ingenuo, dispuesto a acompañar, a dejarse llevar, a actuar también; un público reflexivo se da demasiada importancia a sí mismo, el teatro se transforma en un teatro. El arte del dramaturgo consiste en llevar al público a la reflexión sólo posteriormente. Así pues, si la ingenuidad natural del público presupone también que éste simpatice con el autor, debe aparecer la espontaneidad. El escritor ingenuo de teatro dividirá la ingenuidad del público; el sentimental, la tendrá en cuenta. Por este motivo los actores son los que entre los dramaturgos lo tienen más fácil; los pensadores, más complicado.

Shakespeare, Molière e, incluso, Nestroy, son los dominadores más legítimos del escenario; Schiller, uno de sus mayores usurpadores. Para los primeros, la espontaneidad del escenario no representa ningún tipo de problema; Shakespeare se puede permitir incluso los monólogos más difíciles de entender, a él le atrae siempre el escenario, es retórico por gusto a lo retórico; Schiller, por el contrario, por una voluntad de sagacidad, de claridad. Su lengua transforma lo indirecto en lo directo, en algo de comprensión inmediata. De ahí que el efecto teatral de esta lengua, que no tiene en sí nada íntimo, que en sus grandes momentos parece dar cuerpo a la misma ley; de ahí también su popularidad, su predilección por lo proverbial, lo fácilmente claro, pero su rechazo, demasiado moral, al surtir efecto de tratado.

La dificultad que entraña el escenario para ellos no es, no obstante, la única diferencia entre el dramaturgo ingenuo y el sentimental. Si el escritor ingenuo es, a saber, naturaleza, tal como se expresa Schiller, tiene que ver en la realidad la naturaleza, y asimismo aceptar la realidad, imitarla a través del teatro, transformarla en un juego. Él sume al público en compasión y terror o le hace reír. En el teatro ingenuo no se comprende la realidad, sino que se percibe como un orden divino, como una creación, una ley de la naturaleza, como la repercusión del ambiente y el origen, una posibilidad del drama que Schiller no podía ver, que presupone el método científico del siglo XIX, el cual, sin embargo, volvió en realidad a crear teatro ingenuo. El escritor ingenuo no es un rebelde. El destino de Edipo da a conocer a los dioses, no los lleva al absurdo (*ad absurdum*); las fechorías de Claudio cuestionan su reinado, no *el* reinado: para el escritor sentimental, sin embargo, tiene que hacerlo. Éste sólo es imaginable como rebelde. Para él la realidad no es la naturaleza, sino lo contranatural que tiene que dirigir en nombre de la naturaleza. El teatro es el podio de su protesta. En Tyrannos. La escena se convierte en tribunal. El escritor sentimental advierte al público. No debe solamente experimentar la injusticia del mundo, no sólo sentir compasión, no sólo terror, sino también reconocer causas del todo ciertas como un efecto; uno debe no solamente hacerse cargo de un Karl Moor[1]; de un Ferdinand, sino también consentir, su ira debe ser atizada. El ser humano peca por falta de un estado desnaturalizado. El hijo se alza contra el padre; el hermano contra el hermano. El ser humano perece sin culpa. Su víctima resulta solamente razonable de una manera interna. Se da a conocer la tragedia de la libertad o un falso orden social. En un sentido externo, la víctima es, no obstante, inútil porque no sigue el correcto orden social.

Es precisamente en este punto donde se justifica la pregunta de si esa postura es suficiente, o si el reconocimiento de que el mundo se encuentra en un mal estado, no sólo presupone la idea de cómo debería ser el mundo, sino que se hace necesaria también la advertencia moral, de qué manera el mundo podría volver al orden, y si esa advertencia entonces no tendría que encerrar en sí la exigencia de andar también por este camino. Si esta pregunta se responde con un sí, no basta con describir el mundo como injusto. Se tiene que describir como un mundo cambiable, que puede volver al orden y en cual el ser humano no necesita seguir siendo una víctima. Si esto es así, el escritor pasa de ser un rebelde a ser un revolucionario.

Con esto mi ponencia se vuelve desgraciadamente algo incómoda. Tiene que abandonar forzosamente el ámbito puramente dramático, en el cual se deja hablar de asuntos profesionales sin peligro; Schiller es un objeto demasiado incómodo, un caso eminentemente político. Debería quedar claro que con mi exposición del teatro ingenuo y sentimental he malogrado a Schiller y he encontrado a Brecht, el cual, en general, fijándose uno con más detalle, se puede comparar con Schiller en muchas cosas, incluso en rasgos amistosos, quizá en la negativa de tener involuntariamente un efecto de vez en cuando demasiado cómico; es así algunas veces en ambos, como escribió Friederike Kempner: "¡Honrad a las mujeres, que ellas tejen e hilan!" "¡Fuera salió el sexo de los agrónomos!" Esta gran escritora presenta la forma extrema del escritor sentimental. Éste abandonó el estadio de la rebelión para ser un revolucionario y transformar la sociedad mediante su teatro. Se hizo comunista como ya sabemos.

Aquí tengo que intercalar algo evidente. La concepción del mundo de Brecht se antoja para muchos dolorosa, para muchos enojosa, aunque no se debe tratar como una mera equivocación, como una cosa sin importancia. Pertenece fundamentalmente a Brecht; es cuanto menos una característica casual de sus obras, como su efecto teatral, su precisión poética, su audacia dramática y, no en último lugar, su humanidad.

Esta producción legítima nos obliga a considerar el comunismo de Brecht con más exactitud, a analizarlo nuevamente con relación a su verdad; admitir lo que ya está admitido.

La poesía de Brecht es una respuesta a nuestro mundo, a nuestra culpa, una de las pocas respuestas sinceras a nuestras frases, una representación de aquello de lo que hemos prescindido, incluso cuando se trata de una respuesta comunista. Tenemos que polemizar con él. Como fantasma de nuestro miedo, el comunismo nos ha paralizado desde hace ya mucho, nos quedamos de una pieza del susto, como si nosotros hubiéramos sido el fantasma de su miedo. Ambos estamos petrificados. Lo que por su parte resulta natural, porque representa una ideología que por su naturaleza es incapaz de establecer ningún diálogo, por la nuestra no lo es. Nosotros podemos mantener un verdadero diálogo con el comunismo; él con nosotros no. Lo podemos superar siempre que lo consideremos sin temor, siempre que lo examinemos de nuevo, separando su verdad de su equivocación; él no quiere considerarnos a nosotros ni a él mismo sin temor. Tenemos que hacer lo que el comunismo omite, si no nos quedaremos anquilosados, como él, a una ideología. Por eso el disgusto de que el mayor dramaturgo alemán de nuestra época, en la creencia de tratar humanamente, golpeara de parte de la revolución, nos plantea la pregunta a la respuesta de nuestra época. ¿Tenemos una respuesta realmente o aparentamos que la tenemos? ¿No tenemos miedo simplemente? ¿Miedo a una operación inevitable? ¿No nos dejamos ir simplemente? ¿No serán nuestros constantes apuntes a la libertad excusas que nos permiten prescindir de lo necesario, para quedarnos con los viejos valores, con cuyos intereses se puede vivir, que hemos adoptado sin examinarlos nuevamente?

Así pues, en realidad, nos dirigimos a vosotros cuando le preguntamos a Schiller por qué no ha sido un revolucionario. En su época también tuvo lugar una gran revolución, que no sólo le proclamó hijo predilecto, sino a la que le agradecemos también mucho de lo que pretendemos defender contra el comunismo. Más aún. En la época de Schiller tuvo lugar una derrota alemana, tal como en la época de Brecht cayó un imperio alemán pero se interrumpió también una revolución alemana, por razones totalmente diferentes: la irrupción de Napoleón condujo a la Guerra de la Independencia; la entrada de los aliados llevó mucho más rápidamente a un milagro económico.

¿Cómo obró Schiller? ¿Qué consecuencias sacó? ¿Podemos utilizarlo para nuestras reflexiones, para nuestra libertad? Si le preguntamos por su dramaturgia, tenemos que preguntarle, en nuestro propio interés, por su ética, por su política. ¿Dio él una respuesta a su tiempo? ¿Representó realmente su época? ¿Tiene justificación la opinión que se ha atrevido a tomar osadamente de su época en sus dramas de juventud, azotada la arbitrariedad de los príncipes y de la nobleza, las intrigas, la infamia de los lacayos, la impotencia de las leyes y la indefensión de los ciudadanos, pero abandonó su tiempo para entrar en la etapa clásica, intemporal, simbólica, de manera que por este motivo en sus últimas obras no podemos reconocer ni su época ni la nuestra?

Es, sin embargo, un poco arriesgado comparar sin más nuestra época con la suya. Se sumergió en nuestro imperio homogéneo, central y dictador y llegó a su fin en un imperio heterogéneo, hecho pedazos, descentralizado; el Tercer Reich podía romperse, el reino santo romano era inquebrantable como la arena; se disgregó en sus diferentes partes, los países se reagruparon sin perder la estructura. Los pequeños Estados alemanes suavizaron también el absolutismo, éste no repercutió en todas partes de la misma manera; en medio quedaron las ciudades libres como islas; había mayores posibilidades para marcharse, se podía cambiar de opinión, tomar medidas de precaución, escurrirse de un Estado alemán a otro; Schiller como emigrante tan sólo necesitó trasladarse a Mannheim.

En esta mezcla insuficiente de Estados, pero políticamente inactiva, que no podía convertirse en una bomba universal, tuvo lugar la vida de Schiller. Estaba rodeado de deficiencias, de mezquinas relaciones, enfermo, siempre con problemas de dinero. Necesitado de sus mecenas y amigos, atado al servicio de su cátedra de historia, no salió nunca, no atisbó el mar, inspeccionó el remolino en el que cayó su buzo, en el agua de un molino. La pertenencia a la nación, la cual lo alzó hasta escritor nacional, la contemplaba él como una desgracia, no como una suerte; el siglo que le tocó vivir le detestaba. Este preso de un mundo que no estaba hecho a su medida opinaba de manera insulsa y realista sobre las relaciones políticas en las que se hallaba. Mientras consideraba a los alemanes incapaces de construir una nación grande y políticamente unitaria; mientras entendía la grandeza alemana más desde el intelecto que desde la política, no juzgaba apolíticamente, tampoco dejaba de tener razón, pero sí desde un pequeño Estado. Se le tiene que entender desde la pequeñez estatal del imperio de antaño, como ciudadano del Estado minúsculo de Weimar.

Era uno de sus sentimientos principales, el ser políticamente débil para vivir en un mundo que se rige sin tener en cuenta a la nación, a la que pertenecía, mientras que el revolucionario no sólo necesita el sentimiento, en nombre de un partido, sino también en nombre del mundo para actuar; Brecht proviene de aquella dudosa época en la que Alemania fue una verdadera potencia mundial. Si tenemos esto en cuenta, podremos también en nuestra época reencontrarnos con aquélla de Schiller, no sólo porque la importancia de Alemania se ha convertido a lo sumo en secundaria y Europa misma en un montón de dudosos pequeños Estados, sino porque nosotros también entramos en liza con nuestras fronteras.

Tenemos que volver a meditar qué es el Estado y qué es lo individual, dónde nos tenemos que conformar, dónde tenemos que replicar, dónde somos libres. El mundo no ha cambiado a través de sus revoluciones políticas, como se sostiene, sino por la explosión de la humanidad en miles de millones, a través del establecimiento del mundo de las máquinas, a través de la transformación forzosa de las patrias en Estados, de los pueblos en masas, del amor patriótico en la fidelidad a una empresa. El viejo dogma de los revolucionarios, que el ser humano puede y tiene que cambiar el mundo, se convierte para lo individual en irrealizable, trasnochado; la frase sólo es utilizable para la masa como tópico, como dinamita política, como estímulo de las masas, como la esperanza para los sombríos ejércitos de hambrientos. La parte ya no es absorbida por el todo, ni lo individual por lo colectivo, ni la persona por la humanidad. Para lo individual queda la impotencia, el sentimiento de ser postergado, de no intervenir más, de no poder contribuir, de tener que desaparecer para no sucumbir, pero también el presentimiento de una gran liberación, de nuevas posibilidades, de que ha llegado el momento de ser uno mismo decidida y valientemente.

De acuerdo con esto, nos vemos obligados a retomar de nuevo a Schiller. Como dramaturgo es quizá víctima la fatalidad del teatro alemán y se le quiere postrar como maestro. Sus reglas y sus artificios viven solamente a través de él; ya con Grillparzer y Hebbel todo se torna más dudoso, bueno para los estudiantes de filología germánica. En el caso de Schiller no hay por lo visto nada que aprender; es probablemente el más irrepetible, un caso aparte, premiado póstumamente y afectado de prejuicios sobre él, sea todo esto presentado pero no examinado más de cerca, no tiene importancia; lo que queda es un impulso poderoso, una fuerza pura, una hazaña única, nada para los buenos tiempos pero sí para los difíciles. Se vio obligado por las circunstancias históricas a aceptar un mundo que condenaba (Brecht en el Berlín Este tenía que condenar lo que él había aceptado, el destino de cualquier revolucionario verdadero). Él no atacó, sino que intentó hacer intangible la libertad del ser humano. La revolución no tenía sentido porque él meditó sobre la libertad de modo más profundo. No intentó cambiar el estado de las cosas para liberar al ser humano, tenía la esperanza de cambiar al ser humano para la libertad. Asignó a su nación el imperio del intelecto, del cual ella, por cierto, emigró pronto. Él dividió, como los dioses de Grecia, el mundo. En el reino de la naturaleza domina la necesidad, la libertad en el reino de la razón, la vida frente al intelecto. La libertad no se realiza a través de la política, ni se consigue mediante revoluciones; está, como la condición básica del ser humano, siempre presente, si no el ser humano estaría atado a unas cadenas. Se manifiesta de manera pura en el arte; la vida no conoce ninguna libertad. La gran desgracia no es la esclavitud, sino la culpa; la revolución sustituye la esclavitud a través de la culpa: a ella se le opuso la rebelión de la Confederación Helvética, la exaltación de un asequible pueblo primitivo de pastores, lo que nosotros suizos fuimos supuestamente. El ideal de la libertad se lleva a cabo solamente en un mundo ingenuo, en el mundo de lo contranatural la libertad pasa a ser algo trágico. Se consuma a través de la víctima. En los dramas de Schiller se pone de manifiesto un mundo imprescindible, unido a leyes de hierro, entre cuyos mandos el camino de la libertad transcurre estrecha y minuciosamente.

Si nos arriesgamos a pensar este mundo, tenemos que rechazarlo de la misma manera que lo hacemos la mayoría de las veces con aquél de Brecht. Suponemos en uno nuestro declive, presentimos en el otro nuestra opresión; de este modo preferimos validarlos a ambos como un mundo poético del que disfrutamos. Puesto que exigimos la libertad en sí, sin reparar en nuestra culpa, le damos derecho a Brecht, en tanto que no salimos airosos ante Schiller: ambos escritores son nuestros jueces, pero no nos ocupamos de su veredicto; nos asombra el estilo en el que lo han redactado.

De esta manera no hemos obtenido respuestas útiles a nuestras preguntas, pero sí quizás solamente respuestas cifradas. Cuando detrás de Brecht se encuentra el comunismo y, un poco más allá, Hegel, sigue teniendo efecto en Schiller aquel momento grande y singular de la filosofía que despuntó con Kant, en el cual la razón se examinó a sí misma e investigó sus límites, en el cual se volvió incluso activa de una forma muy intensa, en tanto que califica la experiencia sin provenir ya de las cosas, sino de su obra, para dejar intacto el mundo al mundo como misterio detrás de sus manifestaciones, detrás de lo explicable por la ciencia. La concepción de la poesía de Schiller parece tener una estructura parecida. Tal como la razón en Kant toma prestado del sujeto las manifestaciones del mundo, de la misma manera el poeta Schiller tiene que crear de nuevo, presentar, intentar conseguir el mundo partiendo de su idea. Sin embargo, a este proceder se le coloca una limitación implacable; el pensamiento no llega nunca hasta la realidad, sino solamente, como expresa Schiller, hasta la norma, hasta los símbolos, hasta los tipos. En esta capacidad de saber de sus limitaciones recae quizá su mayor significado. Él pensaba minuciosa y categóricamente, pero se detenía, allí donde tenía que hacerlo; él se conocía sobre todo a sí mismo, él era su mayor crítico, se entendía con más tenacidad que sus admiradores. Tan sólo entendidos así, críticamente reconocibles, sus compromisos no son malos, su idealismo no es ajeno al mundo, su pensamiento no es solamente abstracto. Schiller llevó a cabo la realidad en la que se vio inmerso. Su amistad con Goethe es como una obra de razón práctica, la definición famosa, que separa las creaciones de Goethe y Schiller y las hace independientes la una de la otra, filosófica y diplomáticamente por igual, un compromiso reflexivo, por amor a la vida, una fórmula que posibilita la amistad. Él sabía perfectamente lo que llevaba entre manos. El fenómeno Goethe contradice en lo más hondo la concepción de Schiller. Con el concepto de ingenuo Goethe no se identifica, aparecen perspectivas artísticas y de pensamiento que Schiller había construido; Schiller empezó a echarlo todo por tierra. El pensamiento puro no se transforma, el pensador que se atreve a renunciar, encuentra la forma, y se ve así por primera vez en el fin.

A partir de ahí Schiller se atrevió a actuar de una manera nueva, a actuar de otra manera. Dejó de lado la filosofía y escribió sus obras clásicas. Rompió la norma que él mismo se dio hacía mucho tiempo, se desligó de su época, en tanto que buscó avanzar hacia el drama poético. Sin embargo, como creador de la acción, le queda el destino de su naturaleza, el que tomó como pensador: del pensamiento de querer las cosas, de no alcanzarlas jamás. Solamente de esta manera podemos reconocer su emoción, su retórica, como algo único, y no como algo vacío, exagerado, como a menudo parece, tiene que parecer, sino como una enorme pendiente del pensamiento hacia el mundo, como la misma pasión del intelecto, que quiere convencer sin perder claridad, que a lo más diferenciado le quiere dar cuerpo de sencillo. Popular, es sin embargo el más complejo, el más deficiente, el más contradictorio de los dramaturgos. Ninguno es tan difícil de valorar como él, ninguno tan difícil de ubicar, ninguno muestra los errores tan visibles como él, y en ninguno son tan anecdóticos; él crece, en tanto que se le va tratando, de lo lejano hacia lo cercano.

Se tendría que ser lo que él fue, para hacerle justicia, poseer la pasión de su pensamiento; sin esa pasión se adulteran sus resultados. Se apaga el fuego cuando uno le echa agua. Objeto de su pensamiento fueron el arte y la naturaleza, el intelecto y la vida, lo ideal y lo común, aunque no huyó del mundo de las ideas. Él concibió la libertad con más rigor que los demás, pero no por amor a un sistema, sino por amor a la vida; él provocó tensiones para producir chispas. Elevó al ser humano porque lo ama más que a lo común, lo ama más que al Estado. Él tan sólo podía ver a éste como un medio.

En Schiller se nota la gran sobriedad que hoy en día necesitamos frente al Estado, cuya negativa en llegar a ser total se ha convertido en inmanente; la persona es solamente en parte un ente político. Su destino no se verá realizado mediante su política, sino a través de lo que queda al otro lado de la política, de lo que viene después de la política. Aquí vivirá o fracasará.

El escritor no se puede equivocar al escribir de política. Él pertenece al ser humano en su conjunto. De ahí entonces que Schiller y Brecht se comporten como nuestros jueces, que juzguen nuestra conciencia que no nos deja nunca en paz.

Lo que Schiller descubrió, después de que hubo abandonado su preocupación por la filosofía, nos queda para siempre como saber, independientemente de si Schiller como dramaturgo nos impresiona o no, si es nuestro ejemplo a seguir o no. El punto culminante en la dramaturgia consiste en encontrar una fábula poética. Con ello la dramaturgia se convierte en un intento de dar forma a un mundo con nuevos modelos que exige siempre nuevos modelos.

Nota

[1] Compositor checo de ópera.

16
ANÁLISIS DE LA PELÍCULA
EL MILAGRO DE MALAQUÍAS
(1959/1960?)

1. *Nota preliminar*

Sobre el milagro: aquí es necesaria una advertencia. Milagro apropiado para géneros ingenuos. Cuentos, teatro mágico, cine mudo. El *Milagro de Milán* tomó el milagro como ingenuo, como un bello cuento del día del santo de la semana que no tenga viernes. La película *El milagro de Malaquías* permite que ocurra el milagro en un mundo que no sea ingenuo. Ésta es la suerte pero también el peligro del filme, que no puede ser tan sólo poético, sino que tiene que resultar también "lógico", ser lógico en sí mismo.

Aspecto dramático: el milagro pertenece al mundo de *deus ex machina*. La molesta pregunta religiosa: por qué Dios ha llevado a cabo este milagro, se tiene que plantear dramáticamente. El milagro también induce fácilmente a cierta trampa religiosa (incluso en Marshall). De ahí que un milagro no tenga que ser motivado conscientemente, como algo comprensible en sí mismo, o entonces el sentido del milagro tiene que elaborarse al máximo, sobre todo naturalmente, cuando ocurre dos veces. Dios tiene que mostrar sus cartas en la dramaturgia.

Característica dramática: en sí un milagro representa la mayoría de las veces una prueba o una oportunidad, pero siempre una ayuda para la fe o su confirmación.

Pregunta dramática singular: ¿cómo se puede hacer para que ocurra de nuevo un milagro?

Primera respuesta: no mediante un nuevo milagro. De ser así el segundo reemplaza al primero y tiene, para ser abolido, que ser reemplazado por un tercero, y así sucesivamente. La dificultad dramática del filme *El milagro de Malaquías* consiste, sin embargo, en que se escogió este camino. El bar Edén vuela a una isla y vuelve, con lo que la versión cinematográfica conlleva la particularidad añadida de que, durante el segundo vuelo, el palacio de cristal, que se construyó alrededor del bar Edén, tiene que convertirse en nada. Cierto es que tratándose de un milagro no depende de más o de menos, pero aquí este "más" lo es de tal manera que este segundo milagro supera significativamente al primero (el vuelo del bar Edén) en mucho más, puesto que una cantidad muy superior de pasajeros tiene que ser transportada por el aire, o en caso de que los pasajeros sean abandonados en la isla, por lo menos son testigos de este milagro. La novela se libra fácilmente del dilema (demasiado fácil): "Los periódicos aclamaron el segundo milagro de la misma manera que lo habían hecho con el primero", etc. La película lo tiene más difícil. No puede hacer como si el segundo milagro no tuviera ninguna importancia. En cualquier caso, yo no dejaría desaparecer el pabellón de cristal y la casa en la tercera imagen, sino sólo la casa fuera del pabellón de cristal.

Segunda respuesta: si de ahí a un milagro le debe suceder otro, el segundo milagro en absoluto debe considerarse como tal milagro, sino que tiene que ser visto como algo natural. Esto representa una urgencia dramática.

2. *Aplicación teórica de esta necesidad dramática*

Ante todo tienen que presentarse brevemente los requisitos más importantes para la "fiesta":

a) Malaquías cambia de lugar el bar Edén, mediante su oración, de una gran ciudad a una isla.
b) El milagro lo experimentan las personas como individuos.
c) El milagro lo experimenta la sociedad.
d) La prensa moderna y el mundo publicitario se apoderan de este milagro (prensa y mundo publicitario = vínculo entre sociedad y economía).
e) La economía se apodera de este milagro.

    1. Reissguss-Littmann.
    2. Schünemann-Gördes.

Resultados:

f) El milagro pierde credibilidad a través de las personas. Se estropea. El ser humano impide la fe al ser humano.
g) La iglesia está obligada a distanciarse de un milagro que se ha convertido en una blasfemia.

Sin embargo se hace necesario presentar también la reacción de la economía en los puntos *f* y *g*.

h) A través del distanciamiento de la iglesia y de la duda razonablemente creciente ante el milagro la economía se siente amenazada. ¿Hasta qué punto?

    1. Schünemann ha invertido increíbles sumas de dinero con motivo del milagro en una isla perdida.
    2. Si el milagro se desautoriza, debe ser posible "Lourdes sin Lourdes", Schünemann tiene que ofrecer otra cosa diferente al milagro. Algo milagroso.

i) Del punto *h* se concluye pues la estructura de la "fiesta" en el Club Edén.

1. Esta fiesta tiene que ser el punto álgido de los factores enumerados. (Punto álgido de la economía, pero también del destino del ser humano. Contraste: Malaquías orando en la costa.)
2. E incluso el punto álgido del aprovechamiento económico del milagro.
3. Se tiene también que tener en cuenta el cambio de la relación economía-milagro. La nueva idea tiene que ser anunciada. Ésta puede constar, por ejemplo, de la noticia de que el bar Edén en el palacio de cristal va a ser derruido para dar cabida a una piscina. Del bar Edén tiene que salir un Jardín del Edén.
4. El milagro, que ocurre durante la fiesta (el vuelo de regreso del bar Edén), se celebra agitadamente y es reído como una fiesta sorpresa preparada, puesto que Schünemann había anunciado justo antes la inminente demolición del bar Edén. (Podía haber anunciado antes incluso que él volvería a construir el bar Edén en el mismo lugar de la gran ciudad, "para tranquilizar a la iglesia, puesto que el mundo financiero tampoco tiene interés en financiar la creencia en un milagro sospechoso".)

3. *Consejos prácticos (más o menos)*

a) El punto álgido de la fiesta puede surgir del anunciamiento de que el bar Edén va a ser demolido para ubicar en su lugar una piscina, para posibilitar en este sagrado paraje un verdadero Jardín del Edén, que se utilizaría también en invierno. Este anunciamiento aparece en forma de discurso blasfemo de Glaß en nombre de Schünemann. Juegos de palabras con "milagro". Se trata de un milagro, pues se convierte en un milagro de la técnica, de atacar el verdadero milagro de nuestra época, etc. A todo esto, una avería en el foco, tan sólo la luz giratoria del faro, y entonces desaparece de repente el bar Edén. Perplejidad, y después enormes carcajadas, bravos, aplausos, todos felicitan la broma de Schünemann. Todos habían confundido los bastidores con el verdadero bar Edén. Y uno ya baila sobre la roca desnuda que se encuentra a la vista en el centro del palacio de cristal. Schünemann le dice algo sorprendido a Gördes: "¿Era en verdad un bastidor?"," No tengo ni idea". Schünemann se enciende un puro: "Bueno, en cualquier caso uno tiene que dejarlo a nuestro Señor, el hombre sostiene que somos realmente justos nosotros, hombres de negocios".

Luego la tercera imagen sin la plegaria. Solamente Malaquías, que se levanta de su oración.

Después la imagen final.

b) (Ampliación) La fiesta empieza con un sorteo. La pareja de amor del bar Edén, la pareja de la noche milagrosa: Malachías y Malaquina. Se sortea a Christian y Nelly. Aparecen como monje y monja. Boda blasfema a través del cristal y la catedral prusa. Entran en el bar Edén.

Orilla. Malaquías aparece en la imagen.

En el bar Edén en el palacio de cristal: Nelly y Christian se abrazan. Una cínica escena de amor.

Luego discurso de Glaβ, pequeño final, milagro, etc. como fiesta en el punto *a*.

Malaquías se levanta de la orilla. Se va.

Christian y Nelly salen del bar Edén fumándose un cigarro. Atónitos. Se encuentran en la gran ciudad. "El milagro". "Ha vuelto a suceder". "Pero demasiado tarde para nosotros dos". Se alejan por entre el espacio nocturno y desierto sin despedirse el uno del otro.

Luego la imagen final.

17
"EL RESTO ES AGRADECIMIENTO"
(1960)

Damas, caballeros,

Me presento un poco preocupado ante Uds. Ciertamente, la decisión de la Schweizerische Schillerstiftung[1] de concederme precisamente a mí el gran premio Schiller, me hace sentir agradecido pero también pensativo. No porque no me considere apto, ni mucho menos, para ser premiado, no me gustaría sostener esto, pero si miro en perspectiva mis casi quince años de esfuerzo por transformar nuestra época en comedias representables en un escenario, me quedo perplejo y si se me colmara con premios Schiller, cosa que no será el caso, me conformaría con el gran premio Nestroy, pero bueno, éste no existe. Pero así es. Con esta realidad un tanto inquietante me tengo, no obstante, que conformar, incluso cuando esta realidad, seamos sinceros, y esto lo podemos decir también en una celebración, no sólo a mí, sino también a muchos de Uds., señoras y caballeros, nos causa mucho trabajo. Aun así queda un ligero malestar. Un premio Schiller, y uno grande como éste, no solamente honra y recompensa, también obliga, y a mí no me gustaría sentirme erróneamente obligado. Por eso es mi obligación advertir, honorable comité Schiller, de nuevo tengan cuidado conmigo, aun cuando este aviso en realidad llegue demasiado tarde y yo ya tenga el dinero.

Estoy intranquilo. No sólo porque se me toma en serio, sino porque se me toma en serio con ganas, porque, o bien se me podría poner ante un enfoque moral, lo cual ni me corresponde ni me resulta agradable, o bien se me adjudicaría un cinismo que no viene al caso. Hay chistes que tienen que entenderse con la rapidez de un rayo para surtir efecto. Si no se entienden en ese momento, no tienen efecto alguno. Pues yo soy en el mundo de la manifestación literaria un chiste de ésos, y sé que para muchos soy uno malo y para otros uno de los de pensar. También nuestra época tiende en cierta manera a contemplar la comedia y lo cómico como algo de segunda clase. Lógicamente, el escritor transforma un mundo en el que a uno se le desvanece la risa, en un mundo escénico del que se ríe, a menudo solo. Eso hace que lo cómico aparezca forzosamente como algo sospechoso, que no está a la altura de la situación. Sin embargo, esto es quizás una equivocación. Posiblemente sólo lo cómico está a la altura de la situación. Quien se desespera, acaba perdiendo la cabeza. Quien escribe, la necesita.

De algo hay que tomar buena nota aquí. Sobre todo del cinismo ante la vida o las circunstancias vitales en las que uno se ve envuelto, o seguir chapuceando a la larga como algo erróneamente reconocido, uno necesita de la seriedad que ante la realidad no logra; en el arte, la falsa seriedad, el falso sufrimiento. El nihilismo verdadero es siempre solemne, como el teatro de los nazis. El lenguaje de la libertad en nuestra época es el humor, y cuando menos solamente humor negro, puesto que este lenguaje presupone una reflexión, incluso ahí donde el ser humano que lo habla ha sido vencido.

Sin embargo, lo que sirve para escritores de comedia sirve también para teatro. La falsa consagración, la inmensa misión, la enorme seriedad, perjudican también el escenario. Al parecer, tenemos que ser más modestos con las cosas del arte, surgir de las profundidades del pensamiento. La libertad está en lo realizable y no en lo que no preserva un compromiso. Ahí parece existir una contradicción: lo realizable parece exigirle una cosa a la seriedad, dejar fuera lo cómico. Contra esa exigencia se opone el escenario en sí. Éste no es el mundo, ni su reproducción, sino un mundo construido, escrito, fabulado por el ser humano en su libertad, donde las penas y las pasiones se interpretan y no se tienen que sufrir, y en el cual la muerte no representa propiamente algo horrible, sino tan sólo un artificio dramático. Morir sigue siendo una de las mejores salidas entre todas las imaginables, puesto que el teatro es en esencia cómico, e incluso la tragedia que se representa puede sólo consumarse en tragedia en sí mediante el gusto por lo cómico. La diferenciación literaria entre tragedia y comedia desde el escenario, desde el actor, se torna irrelevante. El dramaturgo ya no puede abstraerse más del escenario; la pregunta de cómo debe actuar, la misma pregunta de cómo tiene que interpretar, ya se ha planteado. Lo cómico es el medio en el que él se tiene que mover, del que, así es su norma, tiene como meta tanto lo trágico como lo cómico. Estamos de acuerdo. Pero justamente en esa dirección, que el teatro es teatro y no otra cosa, lo que aparentemente carece de compromiso se convierte en algo comprometido, un cara a cara, algo objetivo, una norma, puesto que solamente apela a la conciencia del ser humano cuando ésta actúa desde su libertad, esto es, instintivamente. En la moral instintiva, que no ambiciosa, del teatro está su moral.

Esto, damas y caballeros, es todo lo que tengo que decir. El resto es agradecimiento. Doy las gracias a la Fundación Schiller por el honor –tras ser tan criticado uno se siente de nuevo a gusto al ser premiado–, al doctor Weber por su discurso, que me dejó algo perplejo, al público por su asistencia, al teatro por su amistad y, sobre todo, a todos los actores por su gran disposición a dejarse fatigar una y otra vez por mi culpa.

Nota

[1] Fundación suiza Schiller.

18
SOBRE BALZAC
(1960)

A BALZAC me gustaría recomendarlo. La gigantesca obra del francés, que en mi biblioteca está entre Homero y *Las mil y una noches,* no ha perdido nada en significación, no ha perdido nada de su fuerza para fascinar. Al contrario. Con una creciente distancia se presenta la verdadera dimensión. Este galimatías al parecer no planificado y tan perfectamente concebido de aristócratas, matrimonios, burgueses y pequeños burgueses, banqueros, prostitutas, santos, tipos raros, avaros, demonios, periodistas, abogados y políticos (el orden es totalmente casual) y todo aquello que poblaba París por aquellas fechas, esos personajes inolvidables, abrasados de miseria y deseosos de riqueza, de lujo, de fama, de amor, estas personas de todas las clases con las cuales el gran e incorruptible autor épico jugaba como a la pelota; ora cruel, ora compasivo, tan pronto enviándoles al infierno o a algún monasterio, pero nunca por cinismo, nunca por moral, sino amando por igual a todas las criaturas de su fantasía, siguiendo siempre *sus* designios, y no los de él mismo, como se quiere reclamar; si esto también es una equivocación, ¡pues menuda equivocación! Siendo breve: todo esto todavía lo lee uno con el mismo entusiasmo, pero con creciente admiración.

19
VELADA DE AUTORES EN EL TEATRO SCHAUSPIELHAUS DE ZÚRICH
(1961)

EL SER HUMANO tiene que presentarse al ser humano, incluso los salvajes murmuran su nombre antes de matarse entre ellos; las ceremonias de salutación de los caníbales superan en cortesía y refinamiento psicológico a todos los otros pueblos. Sin embargo, las presentaciones causan muchas dificultades técnicas. Se llevan a cabo según ciertas reglas que a menudo se confunden. Se plantean preguntas. ¿El señor de la señora? ¿Cuándo al revés? ¿Cuándo nada de nada? Yo me encuentro ante dificultades similares. Si hoy tengo como obligación presentar tengo sobre todo que pensar quién a quién tengo que presentar. ¿Lo conocido a lo desconocido o lo desconocido a lo conocido? Mejor lo último. Eso significa que os tengo que presentar, mi querida Ingeborg Bachmann, querido Karl Krolow, querido Grass y querido Enzensberger, al público. Vosotros, los que estáis aquí como muestra de escritores alemanes de la mejor calidad, esperemos que desinteresadamente, teníais que encontraros pronto con este público. Pero os tengo que presentar a vosotros escritores no sólo algo desconocido sino también algo incierto, puesto que no hay nada más incierto, más vago que el público;

cambia con frecuencia y aun así sigue siendo el mismo. Uno tendría que ocuparse con estadísticas, analizando quizás qué porcentaje de zuriguenses y de extranjeros están presentes, para sentirnos más seguros. Se tendría que comprobar que, apunto aproximadamente, la parte de críticos fuera de un 8 por ciento, la de políticos un 12 por mil, la de banqueros un 6 por mil y la de maestros, estamos en Suiza, un 16 por ciento y etc. Brevemente, las presentaciones no se acabarían nunca. Tenemos que dirigirnos a algo más seguro, a una constatación que sirva para todo, y ahí se puede concluir que vosotros os encontráis en Zúrich, y que con ello os habéis expuesto a un público zuriguense, lo que significa en el fondo un público suizo. Y ahora uno se preguntará, y sobre todo Uds., damas y caballeros, como público presentado, se preguntarán si con este denominador común nacional que yo les he traído, puesto que también está aquí, no sería mucho más provechoso ponerse de acuerdo en un denominador algo especial, en un público de simpatizantes literarios, en el que un presentador pudiera dar cortésmente unas pocas indicaciones positivas sobre lo que une a los pueblos de la literatura, unas palabras cálidas sobre la fuerza que vive dentro de ella, para salvar las patrias y Occidente. ¿Por qué precisamente con lo peor, por qué con lo nacional? La gente de Zúrich, en general, presume mucho de su pequeña ciudad universal, se esfuerza por alzarse como un público internacional; posiblemente no le guste mucho escuchar que yo lo califique como público suizo. Incluso nosotros los escritores nos oponemos rotundamente a ser vistos como austríacos, alemanes, suizos, etc., y no como algo internacional, como un valor cultural europeo. Y, sin embargo, una nación es no sólo algo abstracto. Detrás se esconde una realidad, o sea, un destino común, puesto que vivimos en un mundo en el que no sólo nos define lo que nos afecta individualmente, sino también lo que ocurre con el Estado al que se le añade lo individual, sea voluntariamente o de mala gana. Y así como vosotros escritores tenéis un destino como austríacos o como alemanes, de la misma manera este público tiene un destino como público suizo.

No es en absoluto fácil, como alguno cree, ser suizo. La posición es en verdad una posición excepcional y resulta un pasaporte en alza pero, al mismo tiempo, a esta posición le corresponde, si no algo molesto, sí lo cómico, y se requiere sobre todo la virtud, que la mayoría de nosotros no poseemos, o sea, sentido del humor propio, para superar sin perjuicio esta situación. Y es el público, sentado ahí delante de vosotros, quien lleva más de ciento cincuenta años de paz tras de sí. Ciertamente, estos largos años de paz son el resultado de una política a veces astuta, pero sólo en parte; no fue nuestro todo el mérito. Posiblemente tuvimos la paz aquí en este mundo tan sólo porque tuvimos *también suerte*. Ya que tener suerte durante ciento cincuenta años es algo inimaginable, la lotería, cuando a este público se le ocurrió la idea, del mismo modo no puede seguir así eternamente, el próximo diluvio universal tiene que caer sobre nuestro Estado. Con esto queda dicho todo. El suizo es un ser antediluviano en constante espera del diluvio. Aunque el pasado le juega una mala pasada. Él se aparta históricamente de héroes, su imaginario histórico es completamente marcial, heroico; eso hace que el suizo sea, fundamentalmente, el producto de dos derrotas: la de Marignano[1], la de Napoleón le reprime y celebra la victoria de los ancestros. Su desgracia sólo es que ese ímpetu hacia la heroicidad nunca supo responder seriamente a las expectativas, la historia universal le perdonó siempre la vida. En el último momento. Y así vive él a consecuencia del instante imaginario de esta verificación venidera, si se afirma sin cesar, él se resiste. En ningún sitio se pueden encontrar tantos héroes potenciales como en nuestro país, el derrotero que nuestros redactores y coroneles imponen es férreo, sin compromiso; en pocas palabras, estáis ante un público antediluviano, vosotros, que pertenecéis a una generación que emerge de un diluvio, de una generación cuyo ámbito de experiencias, cuyo comportamiento es naturalmente otro. Quien se encuentra ante una catástrofe cierra herméticamente lo más preciado de su arca, intenta hacer lo máximo posible para mantener su barco en perfecto estado para navegar; para el náufrago, por el contrario, ya no sigue siendo importante el barco hundido, sino los botes salvavidas, los tablones que posiblemente pueda haber alrededor o incluso solamente el propio arte de nadar, además de las millas marinas que separan a uno de la montaña salvadora de Ararat[2]. Si nos puede el miedo, a éste le podrá la esperanza. Todo se convertirá en un intento de llegar a tierra. Incluso en las catástrofes se reconoce al enemigo como ser humano; esto es lo más curioso, mientras aquellos que viven con temor a una catástrofe necesitan al enemigo como enemigo, como fantasma, como lo absolutamente mortal, no temen a nada tanto como a la apariencia personal, a la polémica personal. Tenemos que tener algo muy claro: estos dos ámbitos de experiencia diferentes, aquél antes de una posible y el otro tras una verdadera catástrofe, nos siguen distanciando. El diálogo difícilmente permanece entre nosotros. Vemos en nuestro gobierno una autoridad. La oposición es algo fácilmente inadmisible, y muchas veces también comunista. La oposición es una obligación civil, y por eso la oposición os pertenece también a vosotros como escritores. Os reprochamos que rehuséis ser pensadores políticos; vosotros nos reprocháis que rehusemos el pensamiento político.

Puede sorprender pues que me vuelva político aquí, cuando de lo que se trata es de presentar a cuatro líricos, incluso Grass es entre otros muchos un lírico. Pero precisamente porque vosotros sois líricos, puedo afortunadamente volverme político. El lírico hoy en día no puede seguir ignorando la política; hoy por hoy escribir significa entrar en conflicto con cualquier manifestación de política. Grass y Enzensberger son inimaginables sin su instinto político, como menos creíble Ingeborg Bachmann sin el trasfondo de sus estudios filosóficos. Es una valiente generación, damas y caballeros del público, la que se les presenta. A ella le interesa, como dijimos, conquistar el país. Se espera algo erróneo de ella, enormes relatos de batallas, sufrimientos violentos, sensaciones, básicamente. Pero para ellos la catástrofe no fue lo importante, sino la superación, el aprendizaje de lo que es digno para el ser humano, los caminos sinuosos de la libertad, el pretexto salvador: la patria fue para ellos el lenguaje, no había otra. Este suceso ha permanecido fiel a esta generación, no hay ninguno mayor. Por esta razón quizás lo mejor que esta generación creó fue el poema. Ya no sigue siendo romántico, pero tampoco solemne como en época de George o exaltado como en el expresionismo; es el poema que recoge las miserias y los cambios de las cosas, poema humano, que quiere poner de manifiesto al frágil y débil ser humano y no a héroes, vencedores o dioses. Es la estela luminosa de un meteoro retenida en una placa, lo fugaz en lo permanente. Es el poema que da fe de una época en la que el ser humano se ve amenazado como nunca anteriormente por el ser humano, en la que nos vemos rodeados por todas partes de nuestros semejantes. Es nuestro tiempo el que aquí se convierte en lenguaje cuyas cuentas no salieron bien porque nuestras propias cuentas no salieron bien. Ciertamente, un poema es un poema; sin embargo, dependiendo del lugar y la época donde y durante la cual se escucha, cambia; lo que fue solamente bello puede convertirse necesario en un suspiro, lo perfecto puede dirigirnos de repente, y sernos temible, peligroso. Incluso esta generación escribió poemas totalmente perfectos: lo digo con pleno conocimiento, puesto que el secreto del poema es precisamente su posibilidad de ser perfecto. Exponerse a poemas, permitirles ser necesarios, someterse a ellos, es un atrevimiento y no un placer. Uds., damas y caballeros, tienen que decidir si quieren ser un público que disfrute o que se atreva. Está en sus manos.

Notas

[1] Nombre antiguo de la ciudad italiana de Melegnano.
[2] Montaña situada en Grecia.

20
VISIÓN PERSONAL SOBRE LA LENGUA
(1967)

HABLO ALEMÁN de Berna y escribo en alemán. No podría vivir en Alemania porque allí la gente habla la lengua que yo escribo, y no vivo en la Suiza alemana porque allí la gente habla la lengua que yo también hablo. Vivo en la Suiza francesa porque aquí la gente no habla la lengua en la que yo escribo ni aquella que yo hablo.

Estas frases no son del todo ciertas. En Alemania no se habla, ni mucho menos, un alemán ideal; en la Suiza alemana se habla sólo en Emmental, tal como yo hablo, y en la Suiza francesa viven muchos suizos alemanes que hablan de la misma manera que yo hablo; sobre todo muchos de los que hablan francés, como hablo yo francés.

Con mi mujer y mis hijos hablo sólo alemán de Berna, y cuando me reúno con mis amigos suizos, acaso con Frisch o Bichsel, hablo alemán de Berna, con Bichsel *Soloturno*[1], muy parecido, con Frisch alemán de Zúrich. En el pasado mis hijos contestaban a Frisch en alemán, y él les hablaba porque creían que el alemán de Zúrich era casi alemán, una alusión que ni un alemán ni un suizo del oeste entienden. Si se añade un alemán, hablamos todos en alemán, porque todos suponemos instintivamente que el alemán no entiende el alemán suizo, a pesar de que hay muchos alemanes que lo entienden que no vienen precisamente del norte.

Los separatistas se burlaron del campesino ante el tribunal federal, aquel a quien ellos habían quemado la casa, para poner de manifiesto su cultura superior: él hablaba como bernés un mal francés. También se habrían reído de mí, también mi francés es malo. Estoy demasiado ocupado con mi lengua para mejorar más mi francés. Puesto que muchos de los suizos del oeste que yo conozco apenas entienden alemán y nada del alemán de Berna, tengo que hablar mi mal francés con ellos. Conforme envejezco, esto me gusta cada vez menos. De ahí que me relacione muy de vez en cuando con mis amigos romanos.

Toda cultura se basa más en prejuicios que en realidades, incluso la suiza del oeste. Uno de estos prejuicios se fundamenta en la creencia de que el suizo alemán habla una lengua primitiva. Sobre este prejuicio se basa la ficción de la suiza del oeste de permanecer en un nivel cultural más alto. Personalmente tengo muy en consideración al suizo del oeste, pero no me gustaría subrayar la frase; Delémont queda a un nivel cultural más alto que Burgsdorf. Los campesinos poseen en toda Europa por igual una cultura similar, los maestros de igual modo, y en el caso de los agitadores políticos, son sus ideas fijas lo más esencial, y éstas se asemejan; lo que puedan llegar a mostrar en cuanto a formación cultural es secundario.

No obstante, el prejuicio de la Suiza del oeste es comprensible. El francés es el logro más grande de la cultura francesa, admirable por su claridad, una lengua en lo esencial cerrada, y como el francés, una obra de la colectividad, cada cual se esfuerza en tomar parte de esta obra de arte común y contener sus rasgos lingüísticos individuales y provincianos.

En alemán es diferente. Aquí los dialectos tienen más vida e influyen de forma más activa sobre el subconsciente. El alemán que la gente habla y el que la gente escribe se diferencian mucho más. Hace falta una academia, falta un centro cultural, faltan las provincias; sin un centro cultural es absurdo hablar de provincias. El alemán es más individual que el francés. El alemán es una lengua abierta.

Mucho se parece la relación entre el alemán suizo y el alemán y la que mantienen el holandés y el alemán. Lo único es que el holandés se convirtió en una lengua escrita y el alemán suizo no. Con relación al escritor: al suizo alemán le mantiene en tensión hablar de manera diferente a la que escribe. Junto a la lengua materna aparece del mismo modo la lengua paterna. El alemán suizo, como su lengua materna, es la lengua de sus sentimientos; el alemán, como lengua paterna, la de su intelecto, de su voluntad, de su aventura. Él se enfrenta a la lengua que escribe. Pero él está ante una lengua que por sus dialectos es más moldeable que el francés. El francés lo tiene uno que aceptar, al alemán se le puede dar forma.

Esto está expresado de manera un tanto exagerada. El francés también permite manifestaciones individuales. A lo que me refiero se aclara con el caso de Ramuz y Gotthelf. El francés de Ramuz se me antoja como una red muy bien trabajada de la lengua francesa, con lo que captura el carácter propio valdense. En la lengua de Gotthelf se funden alemán y alemán de Berna. La lengua barroca nació igual que la traducción de la Biblia de Lutero: Gotthelf encontró su alemán, Ramuz tenía su francés.

También yo necesito encontrar constantemente mi alemán. Tengo que abandonar la lengua que hablo una y otra vez para encontrar una lengua que no sé hablar, puesto que cuando hablo alemán lo hago con acento de alemán de Berna, igual que uno de Viena habla alemán con acento vienés y uno de Múnich con acento bávaro. Hablo de manera pausada. He crecido en el campo y los campesinos también hablan pausadamente. Mi acento no me molesta. Estoy en muy buena compañía. Los actores abandonaban la sala riendo cuando Schiller leía en voz alta: tan fuerte era el acento suevo del hombre.

Hay suizos que se esfuerzan por hablar un alemán puro. Entonces hablan con gusto un alemán demasiado perfecto. Es como si cuando hablaran se asombraran de cómo hablan.

Algunos suizos del oeste hablan también un francés demasiado perfecto.

Quien me habla así de perfecto me resulta provinciano.

La lengua que uno habla se entiende por sí misma.

La lengua que uno escribe parece entenderse por sí misma.

Bajo este "parece" se esconde el trabajo del escritor.

Hay críticos que me reprochan que en mi alemán se nota el alemán de Berna. Espero que se note. Escribo un alemán que ha crecido a los pies del alemán bernés. Estoy contento de que los actores aprecien mi alemán.

Por el contrario, yo amo el alemán de Berna, una lengua que supera en mucho al alemán. Es mi lengua materna y también la amo porque uno quiere a su madre. Un hijo ve a su madre con otros ojos: a menudo su belleza sólo le ilumina a él.

El francés se habla, el alemán se intenta hablar.

Si hablara alemán escribiría en alemán bernés.

En el momento en que he expuesto algo personal, se me antoja como si, sin embargo, hubiera expresado algo general: ¿qué escritor del mundo vive allí donde se habla la lengua que él escribe? La lengua que él escribe habla solamente desde su obra.

Nota

[1] Lengua que se habla en el cantón suizo de Solothurn.

21
¿ES EL CINE UNA ESCUELA PARA ESCRITORES?
(1968 [1967/1968])

EL ARTÍCULO de Alexander J. Seiler "Realidad como posibilidad", en donde se hace referencia a una disertación de Günter Herburger, es un documento de la crítica cinematográfica actual. El rigor con el que se toma el cine es tremendo. Despierta en aquellos que aún escriben en lugar de sentarse en la mesa de montaje complejos de inferioridad. Sólo se le puede comparar con el rigor con el que los críticos de jazz hablan de jazz, por desgracia también con palabras. La jerga resulta científica sin ser científica y lógica sin ser lógica; o habla de modo marxista sin opinar de forma marxista. Uno llega a entender más o menos lo que Seiler y Herburger opinan, pero no se entiende por qué lo opinan.

¿A qué se refiere Seiler, por ejemplo, cuando publica la realidad como posibilidad? La realidad es un término ontológico, la posibilidad, un término lógico. Ciertamente, el círculo de lo posible es mayor que el círculo de lo real, pero ambos círculos no se sitúan al mismo nivel, al menos no en el cine. Seguramente todo lo posible es posible, pero no todo lo posible fue alguna vez real o será algún día real. Real sólo es lo que es. Lo real es lo posible que se hizo real y por esa razón ya no puede ser posible. Nosotros únicamente podemos aceptar y constatar la realidad, pero no podemos cambiarla. La realidad sólo es alterable hasta que aún no es. Podemos intentar influenciar el futuro, eso es todo. Lo posible puede ser real, aunque lo posible no tiene que convertirse necesariamente en real. Nuestra esperanza de vida es calculable estadísticamente, nuestra vida no. Hemos caído en una realidad que quiere dar a luz un futuro que no deseábamos, aun cuando creíamos obrar correctamente.

¿Quería decir esto Seiler? Me temo que estos pensamientos le son demasiado simples. Aceptando que la realidad es un concepto más complejo, el hecho de constatar una realidad representa bajo circunstancias para ciertas disciplinas un problema casi irresoluble. Pero con ello tampoco podemos abordar a Seiler. El chino que se emplea en el cine es un lenguaje enigmático. Quizá Seiler quería decir que el cine refleja la realidad como posibilidad o la posibilidad como realidad. La pregunta sería si el cine acaso puede algo así; Seiler en este caso opina que sí puede. Pero ¿qué significa para Seiler realidad? Pues todo lo posible. Él escribe que el escritor tiene primeramente que fabricar una realidad en tanto que describe. Esta realidad fabricable acaba según el escritor siendo en cualquier forma y en cualquier cantidad fabricable, que ni su fantasía ni tampoco su lenguaje necesitan, siquiera, detenerse en menudencias en este proceso de fabricación. La realidad de la ficción o la ficción de una realidad –al escribir siempre es el resultado de un procedimiento de formación y como tal forzosamente preformado, prefijado a través del uso, la función, la importancia que se le suponen–; esta realidad se le ofrece al autor cinematográfico como pura materia prima. La realidad en un primer estadio que crea el cine siempre que retrata simplemente realidades ficticias o reales no es verdadera, no es más que una fila inacabable de posibilidades para crear realidades, retractarlas, cambiarles la forma y la importancia hasta ese estadio que Herburger llama utopía. Sobre frases de este tipo se debería decir: no reflexionar, por favor. Una propuesta estilista: ¿por qué Seiler no deja caer sus realidades ora fingidas, ora reales? Podría escribir entonces, ¿al contrario que el novelista el escritor cinematográfico no necesita describir? La frase es una obviedad, por supuesto, ¿pero tiene que escribirse de una manera que aparente que Wittgenstein está encajonado en ella?

Otra propuesta: volver a leer el *Laocoonte* de Lessing.

Herburger: es, según Seiler, "uno de los menos consumidos, más astuto y en un sentido totalmente alejado de etiquetas uno de los más comprometidos escritores jóvenes de Alemania". Posiblemente sea verdad. Sin embargo, tendría que escribir más limpiamente y con metas menos profundas. Los golpes bajos son injustos a la hora de la crítica. Él sostiene que una historia es una utopía. Lo justifica citándome erróneamente. Si me hubiera citado correctamente tendría que haber escrito: "Quien haya notado finalmente esta capacidad sorprendente para ser lábil, de la que se ocupan las ciencias naturales desde hace mucho, pero las artes desde hace poco, entenderá, que en la moral idealista de Dürrenmatt, una historia llega a su fin cuando ella ha tomado su peor giro posible, cuando se supera por completo. Una historia llega a su fin cuando todos sus giros se han meditado, en donde el peor giro de todos es uno, seguramente no el más importante, quizá el más cómodo. Una historia es por consiguiente una utopía". Ciertamente Herburger se siente cómodo aquí. Si hubiera escrito la frase de esta manera, le hubiera llamado la atención el sinsentido de su argumentación. El peor giro de una historia sólo se puede encontrar cuando también los otros no son tan malos. El peor giro es una opción que escoge el escritor y que tiene como suposición a todos los otros giros posibles. Sin embargo, Herburger sostiene que yo había escrito que "una historia se explica hasta el final cuando ésta ha llegado a su peor fin". Con este truco de poca monta llega a la conclusión de que una historia llega a su fin cuando se han explicado todas sus posibilidades: una historia es, por lo tanto, una utopía. Herburger tiene razón, naturalmente; nadie cuenta jamás todas las posibilidades de una historia, pero su "por lo tanto" no es correcto. Una historia no es una utopía porque nadie puede crear todas sus posibilidades, es una utopía "en sí misma".

Escritorio y mesa de montaje

¿Qué ocurre en la mesa de montaje? Nada distinto a lo que pasa en el escritorio de un dramaturgo o en los ensayos de una obra; en realidad, no sucede nada que no sea lo que sucede en el esbozo de un relato. Se prueban ficciones, se suprimen, se anulan, se ponen de nuevo, se les da otra forma. En la mesa de montaje todo parece más espectacular. Tratándose de un documental, la materia prima cinematográfica es "retrato" de una realidad vista por una cámara y, por tanto, ya escogida. Pero en el instante en que tengo que manejar ese retrato, empiezo a cortarlo y montarlo, se fija la ficción y empiezo a "explicar". La materia prima para una película representa, sin embargo, el "retrato" de una ficción que ha creado un director y ha grabado una cámara. Tal y como contemplo yo el procedimiento, éste es siempre un ensayo. "Reales" en un drama, un filme, una novela, lo son sólo las materias de las cuales se sirven. Real es el hombre que hace de payaso, no el payaso, real es el actor que hace de Hamlet, no Hamlet; real el escenario, que recuerda a un castillo en Dinamarca, y no el castillo en Dinamarca; real la pantalla de cine, no los destinos que se proyectan en ella; real el libro, no el contenido de una novela. Un drama, un filme, una novela, son ficciones, que permanecen ficciones aunque se posibiliten. "Reales" las ficciones no lo podrán ser nunca. ¿Quién espera pues encontrarse a Hamlet, Gulliver, Mefistófeles en la realidad, acaso a la vuelta de la esquina? Las artes narrativas, bajo las cuales entiendo yo prosa, drama y cine (en pro de la sencillez se excluyen las otras artes), son malditas para la ficción y por ello para la ilusión. Por todo ello son libres. No siguen el dictado de la realidad.

Se me reprocha haber malinterpretado conscientemente a Seiler y Herburger: ambos se referían no a "la realidad de la realidad" sino a "la realidad del arte"; además, se objeta también mi constatación de que el arte narrativo es siempre ficción, aun cuando se trate de un documental; es una obviedad. Seguro. Sin embargo, esta obviedad precisamente se pasa la mayoría de las veces por alto, por este motivo soy tan insistente en este punto. De la misma manera que un actor sin impulso artístico cómico para representar seres humanos no puede actuar ni en tragedias ni en comedias, un escritor tampoco gusta, sin notar la pasión cómica en sí, de establecer ficciones, de inventar o comunicar historias, de narrar. Hay infinitamente menos desesperación y nihilismo en el arte de lo que se piensa, e infinitamente mucho más humor, incluso cuando a menudo sólo puede aparecer en forma de humor negro. El mundo está en desorden, no el arte. El escritor no narra cualquier historia; narra historias que le importan, que le incumben. Éste es su compromiso, la incumbencia de un ser humano que se encuentra envuelto en un mundo en el que todos estamos envueltos. Incluso en Zúrich. Como cualquier pensador, el escritor se ve retado por la realidad, pero su respuesta a esta realidad consta de humor y de oponerle nada más que nuevas metáforas y sucesiones de imágenes. Esto al parecer es poco. Pero estas historias llenas de fanfarronadas son unas solemnes mentiras, surten a menudo un efecto mayor que la realidad. Hacen la realidad penetrable con la mirada.

Sin embargo, hoy en día se le exige al escritor un compromiso diferente al que él puede tener en su conciencia. Su arte debe proporcionar una herramienta útil para revolucionarios. Incluso el mundo civil exige a su arte que sea "útil". Ora debe proporcionar una cuidada diversión para un hogar cuidado, ora decentes obras de teatro para una sociedad que se tiene por decente sin serlo. Los unos exigen un rigor sangriento, los otros requieren uno festivo. No más. Si se malentiende, el escritor se malentiende a sí mismo. Cuanto más patente avanza el arte narrador para ser objeto de la filosofía, tanto más patente sucumbe a la tentación de considerarse a sí mismo como una filosofía o una ciencia. Incluso el arte empieza a tomarse en serio.

Para la desgracia de todos. En tanto que pierde su humor, la libertad loca de su creación, pierde las únicas armas que puede poseer ante un mundo cuyas catástrofes inevitables son lideradas demasiado a menudo por locos.

Arte y ciencia natural

Seiler y Herburger también sobrevaloran su arte. Ciertamente, las diferentes técnicas que hemos desarrollado hoy en día para, por medio de la cámara, percibir realidades representan para la ciencia una nueva posibilidad de conocimiento. Necesitamos tan sólo pensar en la astronomía, cuyos enormes espejos sin la cámara serían inservibles. También sabemos hoy en día qué aspecto tiene la parte trasera de la luna, y poseemos documentos de la constitución de la superficie de Marte, enviamos con las sondas especiales ojos artificiales al espacio que parecen trabajar más íntegramente que nuestros naturales órganos de visión. Pero cuando Herburger escribe sobre "la sorprendente capacidad del estado de las cosas para ser lábil", de la que al parecer las artes se han ocupado desde hace poco y las ciencias naturales, por el contrario, desde hace ya mucho, y con ello quiere hacer alusión a que el cine es ante las otras artes un arte especialmente avanzado, yo tengo que preguntarle a qué ciencia natural se refiere entonces. ¿A la física nuclear? ¿A la teoría del comportamiento? ¿A la biofísica? No soy ningún científico: yo escribo comedias, no obstante, me parece cuestionable si en el caso de las ciencias naturales se trata de la misma capacidad del estado de las cosas para ser lábil, tal como Herburger lo constata en la mesa de montaje, en tanto que la produce. O bien demuestra Herburger su tesis o la abandona, porque si no es una fanfarronada.

Al científico le interesan en sus experimentos las leyes de la naturaleza. Constata lo que tiene que ocurrir en un instante concreto bajo ciertas condiciones. Un experimento científico demuestra algo. El escritor se puede permitir no demostrar nada. Precisamente el transcurso de la historia universal a menudo les da la razón a sus más fantásticos delirios. Con una cierta maldad uno querría casi sostener que la realidad acaba a veces por escoger el peor camino posible. De manera inoportuna.

El hecho de que hoy por hoy muchos autores trabajen para el cine es bueno. Sucede por curiosidad artística. Cualquier nueva forma de arte pone a prueba a las otras de nuevo. El viejo teatro de ilusión es imposible a través del cine, a nadie le importan ya las manifestaciones de ilusión. El teatro tiene nuevos caminos por recorrer y ha encontrado nuevas vías. No obstante, el cine tiene mucho más que ver de lo que los "cineastas", así se les llama, quieren reconocer. Teatro y cine son formas artísticas "teatrales", ellas "muestran" el ser humano y las cosas. Una narración, por el contrario, es en esencia diferente. En una revista de cine leía la frase: "La fotografía es escribir automáticamente y conlleva todas las implicaciones que también caracterizan al ojo". Seiler y Herburger cometen también este error. El medio a la hora de escribir son las palabras y con ellas los conceptos, el de la fotografía, la imagen. Una fotografía puede ser un "retrato" de la realidad, un documento. Puede acercarse igualmente a la realidad. Sin embargo, entre las palabras y lo descrito queda un espacio libre que llena la fantasía del lector. Este espacio vacío es una de las reservas más importantes del ser humano. Por amor a él me gustaría calificar el puro arte poético como la más humana de las artes.

Yo escribí una vez que el cine es la versión democrática del teatro de palacio: ha aumentado la intimidad hasta lo infinito. Podría quizás añadir que se ha convertido hoy en día en el verdadero arte culinario: la versión democrática de la ópera. Igual que antiguamente uno se daba la gran vida con el belcanto, hoy en día se la da uno con imágenes, con lo cual el espectador se encuentra en una posición ideal: se pone en manos del cine a través del énfasis de la sucesión de imágenes sin notar los inconvenientes que la realidad lleva consigo. Que algunos directores luchan contra esto no se puede obviar. Pero precisamente ellos se han convertido en las víctimas de sus críticos. Cuanto más se convierte el cine en arte notorio, cuanto más lo acepta la sociedad, cuanto más se atreve a lo que antes no se atrevía, más difícil es para él llegar a ser un medio para aquel compromiso cuya posesión llena de orgullo a los jóvenes cineastas. Unos senos bien fotografiados, y todo el compromiso se pierde, una cópula, y ya nadie sigue pensando en cambiar el mundo. Este fenómeno se basa en la relación entre imagen y concepto. Un palo que aparentemente se rompe en el agua representa una "imagen"; dentro de ella se encierran leyes ópticas. Estas leyes, sin embargo, se expresan sólo a través de conceptos. El ser humano sólo puede examinar minuciosamente la realidad en tanto que la convierte en algo "irreal", en conceptos.

El ser humano sólo puede pensar con lo "pensado". No existe una ciencia "simbólica", sólo hay una ciencia "abstracta". Incluso una imagen construida por la ciencia para ilustrar algo, solamente tiene sentido cuando puede ser explicada a través de conceptos. Lo que es válido en la ciencia se puede aplicar también al compromiso. Se presupone fundamentalmente un pensamiento, no una fotografía.

En su última película, Antonioni triunfa con un golpe dramático magistral: mostró cómo un fotógrafo, a través del análisis de diferentes fotos que hizo de una pareja de enamorados, llega a pensar que ha descubierto un asesinato. Este proceso es, por este motivo, remarcable, porque este pensamiento de Antonioni, que sólo puede expresarse de modo "abstracto", muestra de "lo exterior": el desconcierto del fotógrafo, la continua comparación de las diferentes fotos, el trazo una línea, descubrir el lugar hacia donde mira durante el abrazo, la ampliación del lugar encontrado, y etc. Una imagen queda como un simple motivo; solamente a través del pensamiento se convierte en característica de una cierta "realidad". Un compromiso, del tipo que sea, tan sólo lo puede conceder una película cuando ésta rompe su libertad gráfica.

El filme *Lenin en Polonia*, por ejemplo, ha hecho esto decididamente. En cuanto este filme separa la imagen de la palabra, la imagen se supedita al comentario de la palabra. Pero a su manera también sucede en la película de Antonioni *Blow up*, un filme que se mueve firme en la frontera de lo que es posible para una película como medio de imagen. Seiler vio en él "el retoque coloreado de la soledad, que en la ausencia de Dios se abre entre los seres humanos". Yo lo entendí como una invitación a descubrir por fin la realidad detrás de los motivos que mueven a los fotógrafos y cineastas e indagar las razones que condujeron a esta realidad. Con ello llegamos hasta la realidad que intentamos transformar con las ficciones del arte en un objeto de nuestra reflexión y con ello, nuevamente, el compromiso. El compromiso de verdad. El arte narrativo no refleja la realidad como una posibilidad. De las obras del arte narrativo es válida la antigua frase presocrática sobre la que llamó mi atención Erich Brock: "Lo posible es imposible, puesto que si fuera posible, sería verdadero". Esta imposibilidad de su posibilidad es la "realidad del arte".

Seiler produce documentales excelentes, y Herburger se ha convertido en rotulista. Considero importante que dos prácticos opinen sobre su relación con la literatura y su propuesta gentil de invitar a los escritores a ir a la escuela del cine. Solamente temo que los escritores noveles en el cine no aprendan precisamente lo que primero deberían aprender: a describir. Por este motivo muchas veces escritores importantes en Estados Unidos fuimos primeramente periodistas deportivos: relatar para aprender. Sin embargo, la propuesta de Seiler no es inútil: siempre es mejor que el escritor vaya primero a la escuela en el mundo del cine que no que caiga directamente en manos de la crítica: lo sataniza profesionalmente de tal manera que la mayoría de las veces se hace crítico. Concluyamos. Mi crítica se ha escrito con una intención didáctica concreta: investigar qué se piensa verdaderamente en la crítica y lo que sólo es aparente. Acepto de mejor manera lo que ambos han escrito y de peor manera lo que querían escribir. El resultado es bastante arriesgado. Que extraiga yo conclusiones erróneas es probable aunque me esfuerce en acertar. Curiosamente, sobre arte se deja escribir con poca exactitud y facilísimamente con mucha inexactitud. Criticar es una empresa difícil, más expuesta al error que otras. Quizás es tan sólo un simulacro de combate. A esto se le añade la seducción del poder. Realmente, esta profesión no lo tiene fácil.

Nota final

El filme *Lenin en Polonia,* que vi hace tiempo en Télévision romande[1], lo cito aquí porque aparentemente representa un documental ingenuo y devotamente marxista; no obstante, en realidad (queriendo o sin querer, así lo presento) es una sátira política malísima. En medio de polacos andrajosos (cuyo líder político fue liquidado más tarde por Stalin, cosa que el filme silencia pero que saben los que están al corriente de los hechos), Lenin camina siempre –incluso en la cárcel– como un cuidadoso y decente Salvador pequeño burgués. Una leyenda moderna como parodia.

Nota

[1] Cadena de televisión propia del cantón francés de Suiza.

22
DISCURSO DESDE UNA CAMA ENCIMA DEL ESCENARIO
(1969)

Damas y caballeros,

Le doy las gracias a la Temple University de Philadelphia por el nombramiento de doctor honoris causa que se me concede hoy aquí. Con ello se cierra exitosamente mi carrera académica, que yo hace 23 años interrumpí infructuosamente, para concibir, en lugar de la tesis doctoral *Lo trágico en Kierkegaard*, mi primera obra, en realidad no porque creyera que haber escrito un galimatías fuera mejor que un galimatías a medias, sino porque me vino a la cabeza que no sólo se puede pensar con la filosofía, sino también con el escenario. Dejé la universidad, sin haber acabado mis estudios, y mi primera obra provocó un escándalo. De ese afortunado inicio vivo aún hoy: los espectadores silban en lugar de bostezar.

Desde hace 23 años soy escritor y hago todo lo que un escritor tiene que hacer para, con su trabajo, sacar a la familia adelante. He escrito novelas de crimen, cabarets, guiones radiofónicos, obras de teatro, y como la mayoría de veces se me malinterpreta, me hice famoso, es decir, empecé a ganar dinero.

Ahora estoy sentado aquí en el escenario como doctor honoris causa ante Uds. y no me siento en realidad disfrazado, sino académicamente rehabilitado. Figuro aquí simbólicamente ante Uds. como representante de todos aquellos escritores de comedia que no recibieron el nombramiento de doctor honoris causa porque en su época no existía una Universidad de Philadelphia, sobre todo representante de Aristófanes, Shakespeare, Molière y Nestroy cuando yo, en comparación con éstos, me veo como una lagartija a la que se le concede el premio de doctor honoris causa para acabar honrando con ella a los gigantescos saurios.

Desde la complejidad de mis frases pueden deducir que soy un escritor en lengua alemana y, desde mi modestia, que soy suizo. Claro que el suizo, como habitante de un pequeño Estado en un gran Estado como América, es modesto sólo tácticamente, ya que se imagina como si fuera un gato que ha caído casualmente en la jaula de un animal feroz y no sabe si va a ser devorado o acariciado por los tigres.

Además, el intelectual suizo, en el que me han convertido mediante su doctorado honoris causa, se sitúa ante Estados Unidos un tanto discrepante. Por un lado, teme a la potencia mundial americana en lo militar e industrial, igual que teme a cualquier otra potencia y, por otro lado, se asombra de la autocrítica, América, en contraste con las otras potencias, siempre se alza y pone a sus masas en movimiento. Aquí América es un ejemplo para nosotros los suizos. América es revolucionaria hoy en día, no Rusia.

Igual que en América, entendemos cada vez menos, a excepción de algunos coroneles, el sentido de la guerra del Vietnam, e incluso el sentido de la guerra en general. La paz es un problema, no la guerra. La guerra expulsa los problemas de la guerra en lugar de solucionarlos.

Por lo que se refiere a mi relación con la literatura americana, con poco fundamento, por la sencilla razón de que leo poca literatura y voy raramente al teatro, porque yo mismo produzco literatura y escribo y escenifico obras de teatro. Las impresiones más profundas me las provocaron Poe con su *Descenso al Maelström*, Mark Twain y su *Canibalismo en el ferrocarril* y aquella escena de *Moby Dick* en la que un marinero con salvavidas se mete en el cadáver de un cachalote putrefacto desde hace ya tiempo para recoger el ámbar gris de su estómago, que tan importante es para el cuidado de la belleza de las damas. Estas tres historias representan para mí las situaciones básicas, en las que el ser humano se ve inmerso una y otra vez, como en la *Odisea* de Homero, el *Don Quijote* de Cervantes o *Los viajes de Gulliver* de Swift. Comprender estas situaciones vitales es más importante que el viaje a la Luna, que no es más que una huida de la Tierra y, por lo tanto, una huida del ser humano. La literatura captura al ser humano, la hace suya, de la misma manera que la física hace suya a la naturaleza. Por eso es indiferente hoy en día en qué lengua se escribe la literatura. Ésta es de toda la humanidad, la literatura americana influye en la europea y viceversa: toda literatura influye en cualquier otra.

Queda aún algo por decir, y es que *Moby Dick* de Melville es la única novela densa que he leído hasta el final, y quisiera concluir con el credo de ver a Thornton Wilder como uno de los más grandes escritores actuales.

Damas y caballeros, les doy las gracias.

23
A POSTERIORI[1]
(1971)

1.

El sentido de las palabras no es constante. Es variable. Cambia según el contexto en el que figuren las palabras. Éste se ve afectado también a través del que las palabras utilizan, modificaciones que no tienen su origen en las palabras, sino en aquel contexto que las necesita. En las palabras queda adherido algo subjetivo que les impide ser puramente objetivas. Tan sólo son más o menos comprensibles de manera general. En las palabras que deberían ser sociales en sí, se encuentra un componente insociable, que derriba las doctrinas de conceptos económicos, ideológicos, sociales, pero también según la moda, que tratan de fijar las palabras. Quien ve en la lengua un material con el que piensa, como se puede experimentar con otros materiales, construye castillos en el aire. Muchas verdades no son más que falsas verdades construidas gramaticalmente. Por culpa de palabras vacías murieron a veces muchos seres humanos: la lengua es un medio de conocimiento dudoso y ambiguo que continuamente provoca malentendidos.

2.

Escribir es más difícil que hablar y el discurso es lo más difícil. Si cuando hablamos eliminamos, cambiamos o explicamos una palabra, el desconcierto de nuestro interlocutor nos muestra que no se nos entiende, que para él nuestras palabras tienen otro sentido, de tal modo el que escribe captura la palabra y con ello pone fin al malentendido; pero no sólo la palabra es capturada por el que escribe, también el que escribe es capturado por la palabra. Éste ha tomado un punto de vista y puede ser rebatido.

Si escribir representa un riesgo, un discurso limita con la osadía, se acerca a una locura despreocupada que el sinsentido de la época en que vivimos nos exige de nuevo. En sí un discurso es un momento mirado fijamente, para tan sólo juzgar desde el instante en el que se pronunció, simplemente desde sus perspectivas, circunstancias, motivos, sensaciones, en especial cuando se trata de un discurso político, ya que nada cambia tanto como un punto de vista político: no el oportunismo, el tiempo mismo lo cambia, lo conduce *ad absurdum,* lo presenta paradójico; no nosotros, la historia nos juzga.

3.

De todo lo hablado en general, no en la intención, hay algo que entresacar. Cuando en este tomo se recogieron dos discursos que se pronunciaron en momentos políticos concretos, éstos representaron una muestra de cómo me comporté políticamente en momentos históricos concretos. Si no tengo nada que añadir o suavizar de mi discurso sobre Checoslovaquia[2], sí quiero corregir en mi discurso *Israel* que mi indicación de entonces, que Israel estaba necesitado de dejarse llevar por un estado de la razón en lugar de la emoción, me pareció más importante que nunca. Existe también "el pesar del vencedor", especialmente cuando el vencedor es un Estado pequeño: éste piensa entonces demasiado fácilmente en términos de potencia. Más aún: en el fragmento *A la dramaturgia de Suiza*[3] traté de manera especial el problema jurásico. Entretanto, James Schwarzenbach apareció: sobre su movimiento se deja trasladar fácilmente mucho de lo que yo dije sobre los separatistas.

4.

Una observación más me parece necesaria aunque no afecta a un discurso: temo que mis observaciones sobre pintura[4] podrían ser por dicho motivo malinterpretadas porque opero con los términos "abstracto" y "concreto" con un sentido popular. Sin embargo, no se trataba, en el marco de un catálogo de exposición, de seguir el rastro de ningún sentimiento en especial.

Pero precisamente "abstracto" y "concreto" son en relación con la pintura términos relativos, que cambian según la encrucijada dialéctica en la que se encuentran. Abstracto llamamos a menudo a un cuadro que no representa ningún objeto, y concreto, al que representa alguno. En los estudios actuales sobre arte se habla preferentemente de arte figurativo y no figurativo. Si se rastrean, sin embargo, los diferentes contenidos que existen en las palabras "abstracto" y "concreto"; haciendo siempre referencia a su utilización en la pintura, se podría aventurar la definición de que un cuadro que representa un objeto solamente puede ser algo abstracto. Representa una abstracción del objeto que reproduce. Por el contrario, la pintura concreta sería aquella que sin reproducir un objeto en concreto llena el lienzo de formas y colores, la pintura que acostumbramos a llamar abstracta, no precisamente Picasso o el cubismo, que apuntan más hacia la representación de lo figurativo, sino precisamente el tachismo[5]. Como definición surgiría la duda, un tanto desconcertante quizá, de si la pintura concreta es aquella que no sólo renuncia a la representación de objetos, sino que rehúsa simular una tercera, la dimensión corporal. La pintura concreta sería, por consiguiente, una pintura puramente planimétrica. Estos pensamientos se formulan aquí con el mismo propósito. Después de ser el blanco de todas las críticas, en lo que se convirtió *Retrato de un planeta*, mi última obra, resultó después una de las figuras más repetidas del pintor. Se vio en él un ataque a la pintura moderna en vez de una representación de su destino. De la misma manera que muchos se oponen, después de que dios fuera proclamado muerto, a pensar incluso en un posible final de la materia, para muchos otros es una ofensa que el arte pudiera al final llegar a ser formal, de manera que la evolución que ellos contemplan siempre progresiva tuviera que convertirse forzosamente en retrospectiva. Los mismos seres humanos erigen continuamente sus tabúes ideológicos.

Notas

[1] Escrito para el tomo *Dramático y crítico. Tratados de teatro y discursos II*. Editorial Verlag der Arche. Zúrich, 1972. Los textos recogidos en los volúmenes *Trabajos de teatro y discursos I y II* fueron ordenados cronológicamente para las obras completas en 1980 y clasificados por temas en varios volúmenes.
[2] En: *Política*. Obras completas, volumen 34.
[3] En: *Política*. Obras completas, volumen 34.
[4] En el capítulo Varlin. En este volumen, páginas 165-171.
[5] Corriente en la pintura posterior a la Segunda Guerra Mundial. Los cuadros ya no se pintan de manera consciente, sino que se aplican diversos colores en el lienzo de forma espontánea.

Parte III

Arte

24
ARTE
(1947/1948)

QUE EL ARTE SIN OBJETO, que su meta haya que buscarla en él y no fuera de él, es una pretensión imposible, aunque su valor no está en su meta, sino siempre en el riesgo, conquistar su meta, los objetos, el mundo; por el camino, no en el punto de partida o en la llegada, a través de la corriente, como en un río, porque fluye; aún mejor, del mismo modo lo que le da sentido al viaje en barco, su esencia, consiste en hacerse a la mar hacia un puerto ajeno y, no por norma, en construir una galera en tierra firme o ir a comprar a una isla lejana. El arte de la navegación, del timón, la hace grande o pequeña. Ésta es la aventura que lo ha planteado y sobre la que decide mantener su dignidad.

El arte es la conquista del mundo, porque representar es conquistar y no copiar, superar las distancias mediante la fantasía. (No hay otra superación de las distancias, ningún otro viaje a la luna, de modo más exacto, a Beteljosa o Antares, aún más exactamente: ninguna otra superación del abismo entre las cosas como a través de la fantasía.) El arte es la valentía de poder hacer esto una y otra vez; perseverancia, no abandonarla, originalidad para ver que el mundo puede ser siempre descubierto nuevamente y conquistado. Es sólo entonces cuando nuestro ser es una gracia o una blasfemia y no una mera existencia mecánica, cuando podemos perder o ganar el mundo en cada momento. La crisis del arte puede existir solamente si se generaliza la opinión –y en qué momento no lo hace– de que el mundo ya se ha descubierto o conquistado; cuando en lugar de eso del arte salga algo estático, así como un inventario, o algo aclaratorio, como una ilustración, o incluso algo útil, bueno para unas horas plácidas junto a la chimenea, para seducir a una mujer, para embellecer una fiesta de agosto o para la coronación de un carnicero universal.

25
A LOS TAPICES DE ANGERS
(1951)

LA FE DEVOTA, que creó los tapices de Angers, sabedora de la caducidad del mundo y, sin embargo, esperanzada, ya que para ella, aún más real que la muerte, existía la resurrección y el bienaventurado despertar de los cristianos en una nueva tierra y en un nuevo cielo después del terror del Apocalipsis, ha hecho espacio de un miedo, para el cual el tribunal más joven sólo significa el final, un tremendo crepúsculo divino de la civilización, a la que, gracias a la bomba atómica le debe seguir la nada, el absurdo girar de un planeta extinto alrededor de un sol que se ha vuelto indiferente. El consuelo de que el derrumbamiento de todas las cosas es misericordia, sí, que los propios ángeles son los que matan, se aparta de la certeza, que el ser humano es capaz de desatar por propia iniciativa un infierno de los elementos, lo que antiguamente sólo se atrevía a achacar a la ira de Dios. Y se practican atrocidades, que superan con creces aquellas propias del demonio. Así se convierte en suceso lo que era revelación, pero ya no es una lucha por el bien y el mal como a cada una de las partes les gusta representar. Toda la humanidad se ha convertido en culpable, cualquiera quiere salvar también las espaldas con los ideales: la libertad y los negocios, la justicia y el estupro. El ser humano que antaño se estremecía ante el infierno, que espera al culpable en el más allá, ha erigido la vida terrenal, que muestra los infiernos, los culpables y los no culpables mezclados de igual modo en un mundo en el que Gog y Magog[1] no aparecen como cómplices, sino como enemigos uno ante el otro. Incapaz de construir el mundo según su juicio, lo formó según su codicia y se transformó con las brasas de sus actos que ahora tiñen el horizonte de rojo, un cautivo de sus propios pecados. Su esperanza ya no es aquella del creyente de dar apoyo al tribunal, sino la del criminal de escapar de él, e incluso el cáliz lleno de veneno que él mismo preparó y que debe tomarse. El tiempo se ha sumergido en una realidad a ciegas, ya que la distancia que había entre el santo profeta y la imagen ha desaparecido y con esta infinita pérdida, no sólo en belleza sino también en mundo, la posibilidad de ver el Apocalipsis sin aquella distorsión que se aprecia hoy a través del presente: las siempre sombrías y ascendentes nubes de las catástrofes esconden los rayos de la misericordia, que aún no se nos ha negado. Los cuadros turbulentos de un Durero y un Bosco se han convertido en realidad, los tapices de Angers son un paraíso perdido en el que la fe, que mueve montañas, era posible, algo que experimentamos ahora y que nos parece una ironía: ver el mundo en el ocaso en todo, el esplendor con el que fue creado, principio y fin, una unidad íntegra, la debacle de las ciudades como flores blancas al viento; la muerte un sencillo paseo al otro lado, con flores incluso las bestias del mal, envuelto todo en la plenitud luminosa de Dios, para el que el mundo es un escabel para sus pies y de quien somos hijos.

Nota

[1] "Gog und Magog", expresión antigua suiza. Por contexto, parecida a la española Fulano y Mengano.

26
SOBRE RONALD SEARLE
(1952)

SI UNO QUISIERA reírse de verdad sobre la fantástica ocurrencia de Ronald Searle de dotar a niñas de escuela de los vicios más perversos y permitirles perpretar las fechorías más abominables, es una cuestión que ciertamente se plantearía, la mayoría de las veces, no sin antes haber reído. Ahora la caricatura posee, como todos los proyectiles del chiste, una fuerza de percusión no insignificante, y la risa no es únicamente su último fin, sino a menudo solamente la detonación de su impacto (una detonación que se produce de manera inevitable).

El proyectil alcanza el objetivo que había escogido justo en medio del corazón. De la misma manera sucede con Searle. Ciertamente, también está ahí la broma pura, la inocencia, la ocurrencia inquietante, cayendo así de sopetón en ámbitos fantásticos, como ya es propio de muchos humoristas ingleses y americanos; uno piensa solamente en *Canibalismo en los vagones*[1] de Mark Twain, donde lo grotesco se convierte en una crítica endiablada de la democracia americana. La caricatura se ha convertido en un arma del intelecto humano, a saber, una de las posibilidades de la crítica a la persona, y ahora no creo que eso sea superfluo. Con ello la cuestión acerca de la manera de ser de estas niñas no queda resuelta. Lo que ha sucedido aquí no se muestra con exactitud ni tampoco se aclara. En el mejor de los casos, si se repite el proceder de Searle en un espacio lógico. A través de un silogismo tal: los seres humanos matan, violan y beben; las niñas de la escuela son seres humanos, por consiguiente matan, violan y beben. ¿Qué se consigue con eso? Pues lo amenazador, el espantoso recurso en el ser humano se lleva a la luz pública mediante un giro, si se quiere, mediante una treta de lo grotesco, como algo absurdo y al mismo tiempo algo omnipresente, absoluto. Aquí, tal y como se elimina el tiempo, como si al bebé Hitler se le permitiera realizar todas aquellas cosas que el hombre Hitler llevó a término. Todo esto sobre una técnica satírica de Searle que otro inglés, Swift, ha llegado a dominar totalmente.

Caricaturistas como Searle son relevantes sobre todo a través del ingenio, y sólo posteriormente a través de sus cualidades gráficas (las cuales no vamos a negar aquí). Pertenecen a la sátira, al chiste, quisiera remarcar eso de nuevo, y hoy en día es necesario entender la sátira en cada una de las corrientes artísticas como un tipo de arte propio, que posee sus propias leyes y su propia estética, en nuestros días hay incluso música que pertenece a ella y mucho más de lo que se cree. La sátira es una ciencia exacta, precisamente porque exagera, ya que sólo quien ve al mismo tiempo el matiz y lo general puede exagerar. Incluso este arte requiere ser aprendido. Así pues, se debe ver esto en Searle, lo que es. Sobre todo un comediante de verdad, incluso cuando de repente ya no resulta cómodo. Así no son los comediantes de verdad, a saber, no lo son nunca. En realidad muerden. Cuidado con Ronald Searle.

Nota

[1] Traducido del título original en inglés: *Canibalism in the cars*.

27
PREFACIO PARA LA OBRA DE PAUL FLORA *CRESPONES DE LUTO*
(1958)

ESTOY GUSTOSAMENTE preparado para alabar los aquí presentes y encantadores idilios de Paul Flora. No sin melancolía. No sé si aún existe ese apacible y afable tipo de enterradores, quizá en Austria, apenas en ningún otro sitio. El tiempo se ha mecanizado; las grandes empresas se han adherido al plan[1]; las tres que funcionan modestamente sirven al fisco, al ejército y a otras grandes empresas en lo grandioso. Incluso más de cerca, de acuerdo, pero a lo lejos no tan individual y afectuoso según el cliente como aquí. Se podría pues objetar que el librito de Flora sea anacrónico, romántico en el mejor de los casos, no cabe un regreso. Tengo que replicar. Cuando ya no somos capaces en este ámbito de dotar contenido a la actual mecanización y de volver a las pequeñas empresas, al honrado trabajo de los enterradores, podemos pagar todo esto con nuestro rubor. Esto debería quedar claro. Nos lo jugamos todo. Hasta entonces, que se diviertan hojeando los dibujos de Flora.

Nota

[1] Referencia al Plan Marshall.

28
PRÓLOGO PARA EL LIBRO DE BERNHARD WICKI
DOS GRAMOS DE LUZ
(1960)

¿QUÉ ES LA FOTOGRAFÍA? Manejar un aparato técnico. ¿Qué es la técnica? Según Adrien Turel, la posibilidad de utilizar prótesis; en nuestro caso, en lugar del ojo, una cámara. Confrontó al ser humano con las bestias más triunfantes de la historia de la Tierra, con el saurio, el dragón de nuestras leyendas y sueños. Este reptil casi sin cerebro, con su predilección por lo monstruoso y lo grotesco, a veces de hasta 50 toneladas de peso, más de 150 millones de años como el vertebrado dominador, ante cuya historia la nuestra resulta algo baladí, en lo referente a dimensiones temporales, fue variando en el transcurso de su época infinita su forma esbelta tanto decidida como convenientemente; se adaptó a todo, a la tierra, a los mares, al aire. Pronto se desarrollaron las patas delanteras hasta llegar a enormes alas de murciélago, de manera que, como un avión proyectando enormes sombras, planeaba. Pronto se encogieron las patas delanteras para convertirse en garras, mientras que las patas traseras se hicieron más fuertes, sobre las cuales daba pasos a la manera del ser humano, erguido, atronador, apisonador, la cabeza manchada de sangre, grande como un Volkswagen, a seis metros del suelo. Más tarde le creció el cuello, a modo de serpiente, con lo que, paciendo en la hierba, se pudo atrever a meterse en el agua fría o se convirtió en un pez voraz rápido como una flecha. Y ante él el ser humano. En sí poco mejor que sus antecesores. En parte inofensivo, en parte devorador; ora sociable, ora solitario. Bajó algo confuso de los árboles, tenemos que suponer, el hazmerreír del mundo animal, casi una caricatura, para ser devorado por cualquier depredador mejor, humillado por cualquier gorila de tamaño medio. Luego, sin embargo, apareció el genial poseedor del cerebro más desarrollado, al principio seguramente sólo desconcertado y temeroso, a través de miles de siglos, pero al final enérgico. Lo consiguió. Todo lo que el torpe dinosaurio de su productiva estructura ósea desarrolló en coraza, armas, aparatos voladores y medios de transporte, el ser humano lo creó en escasos miles de años. De un ejemplar raro, de una piojosa tribu nómada, desnudo alrededor de un fuego humeante, de una extraña curiosidad de la temprana era cuaternaria, se convirtió en el ser vivo con más éxito de nuestro tiempo, que empezó a cambiar de aspecto la tierra, en tanto que él mismo cambió de aspecto, de constitución. El ser humano cambió. No a través del desarrollo de sus huesos, sino a través de la adaptación de su constitución; no biológicamente, sino de manera demiúrgica, a través de las prótesis de su técnica. No se adaptó a la naturaleza, sino la naturaleza se adaptó a sí misma. Y así el ser humano vuela, el rey de los mamíferos, el saurio de nuestro período interglaciar, también por los aires, se sumerge en los mares, pasa sobre la tierra, la agujerea, espía, curiosea, se hace notar, mata hasta en los más lejanos confines, silba ante los planetas, fusiona los elementos, los separa, los reconstruye. Obligado por la necesidad. La técnica es ineludible. La humanidad se ha expandido, ha aumentado millones y millones de veces, y de esta manera, pues, la tierra tiene que ser explotada cada vez más profundamente, sus plantas, sus animales, pero también sus materias, sus ácidos y sus bases, sus metales y sus minerales, pero, sobre todo, sus energías. Si antaño la preocupación por la electricidad era una invitación a la especulación de la naturaleza, en concreto, al conocimiento de la divinidad, se ha convertido desde hace tiempo en pura necesidad vital. Y así será algún día la utilización de la energía nuclear, ya lo es, puesto que solamente el temor ante ella por ahora mantiene a las personas a distancia, igual que los saurios caían unos sobre otros. El paraíso bastó para alimentar a Adán y Eva; para el sustento de miles de millones parece necesario el infierno. El saurio tenía que ser superado, no precisamente por su falta de cerebro, y ahora amenaza con tomarnos de nuevo la delantera. Si antiguamente le rehuíamos lo bastante, arrastrándonos temblorosos hasta las cuevas cuando la tierra temblaba de nuevo al acercarse atronadoramente los últimos ejemplares de su raza, ahora nos lo encontramos más demoledor en nosotros mismos. Nuestra huida hacia delante, hacia el intelecto, hacia la civilización, fue en vano. Si se plantaba ante nosotros el Tyrannosaurus Rex, ahora tenemos delante el Homo Tyrannicus. Esta vez, sin embargo, no hay huida posible. La lucha hay que saldarla.

Desde este aspecto genuinamente histórico del que hemos dado buena cuenta aquí, es fácil ahora definir la cámara. Es el ojo del saurio humano, que nos mira con la boca abierta. Rígido y frío. Su capacidad es asombrosa. Tanto si se trata de la nebulosa espiral, crepuscular, a miles de millones de años luz, con todos sus montones de esferas, nubes de gas y supergigantes, Cefeidas[1] y enanos que se hunden en caídas repentinas en el espacio, o de los sombríos átomos de carbono de la molécula hexametilbenzol, sólo la cámara se atreverá a percibirlos. El ojo natural está sujeto a la época, su imagen es fugaz, la retina no la conserva, es olvidadiza, se deja engañar por el objeto y el intelecto, que muy a menudo ve lo que desea ver y somete lo no deseado. Incluso el devenir demasiado fugaz de las cosas que el ser humano no es capaz de registrar. La cámara, por el contrario, capta el tiempo, extrae una fracción de segundo, lo conserva, lo fija, pone el movimiento fuera de circulación, lo divide en sus distintas fases, capta el instante más fugaz, lo retiene. Ella es insobornable, muy nítida, totalmente penetrante. Muestra lo que ocurre. Informa de lo que hay. Documenta.

La fotografía es siempre documentación. Allí donde la mayoría de veces nos incumbe, nos la encontramos en nosotros mismos. ¿Seré así yo también algún día? ¿Por qué no puedo yo participar de esta suerte? ¿Por qué no he podido ayudar? Estas preguntas nos ponen en un apuro. La fotografía se convertirá en la documentación del género humano. Hace de nuestros planetas toda nuestra patria, puesto que la patria es solamente lo único de lo que podemos sacar una fotografía. Los documentos cuentan, no tiene que temer de nosotros, sino nosotros de ellos; ellos preguntan, se quejan, ponen de manifiesto al ser humano, su miedo, su alegría, sus escudos y caminos sinuosos, sus codicias, su soledad, su voluntad y sus fallos. Conmueven a través de lo que muestran. Estamos a merced de ellos y es necesario que lo estemos. Hay que resistir a la mirada de la cámara.

Para que sin embargo aparezca ante nosotros un papelero, sordo y sucio, un atlas entre un universo de papel; luego de nuevo el rostro arrugado de una anciana; para que mujeres mayores aparezcan como en sueños malignos, ya curiosas y gordas en un balcón, ya espiando atentamente entre rejas de celosía, resfriadas, sin ilusiones, llenas de pasado y amargura, o en abrigos de piel pasados de moda pescando periódicos de la basura; para que la muñeca de elefante de un monstruo de barraca de feria se plante ante nosotros vencedora pero abatida como una diosa negra blanca; para que pronto nos asusten unos diablos de niños, malévolos, infernalmente divertidos, pronto un carnicero universal con sus víctimas sacrificadas, contento de soportar el peso enorme sobre enormes hombros, calculando ya el sueldo; o un gordo y asmático dios paloma, luego una bestia aulladora, con las garras delanteras hundidas en el círculo de un viejo neumático; además un automóvil varado en alguna parte, inútil, destripado, un cadáver de chapa; luego un muro lleno de fisuras y de suciedad como si fuera un muro inacabable de tiempo, en el que uno se encoge, sobre el cual no es posible pasar al otro lado; finalmente árboles como arrecifes de coral, farolas apagadas, vías en desuso; y finalmente un niño, durmiendo echado sin más al lado de un cubo, unos pocos kilos de ser humano, sin que nadie le pregunte, y la mirada vacía de un borracho. Para que todo esto aparezca, se capte, surja de la ilimitada calidad anónima de la humanidad, para que todas estas imágenes y sensaciones floten ante nuestros ojos como restos arrojados al mar, la cámara de alguien tiene que dispararse, que ver, que observar. Cualquiera puede hacer instantáneas. Pero no todo el mundo sabe observar. Fotografiar sólo es arte cuando usa como propio el arte de la observación.

Con esto llegamos al final, de lo observado al observador. A Bernhard Wicki. Ahí están los datos, al igual que su currículum. De un actor ha salido un gran director de cine: estas fotografías pertenecen a sus preparativos. Pero creo poder indicar que conozco algunos poemas suyos. Buenos poemas. Incluso esto me parece importante. Observar es un proceso poético elemental. Incluso a la realidad se le tiene que dar forma, si uno quiere llevarla al verbo. Que Wicki sabe de este contexto, dan fe sus fotografías. Representan la captura de lo humano, la presa es a la vez temporal e intemporal.

Nota

[1] Con referencia a Cefeo, rey de Etiopía.

29
SOBRE ROSALIE DE CONSTANT
(1961)

ROSALIE DE CONSTANT era una señorita pequeña, jorobada, que se había mudado con su familia de Ginebra a Lausana, en la Chablière, y llevaba la casa, tocaba el cémbalo y la mandolina, componía incluso. Paralelamente mantuvo una enorme correspondencia, se escribió a menudo con el naturalista y amigo de Rousseau Bernardin de Saint-Pierre, pero también con la oveja negra de la familia Constant, con su hermano Charles *le Chinois*, un desafortunado a quien en sus negocios y en China no le fueron muy bien las cosas hasta que, finalmente, después de un largo proceso con el almirantazgo inglés, se casó con la hija de un banquero de Ginebra. Todo esto en sí y por sí carecería apenas de sentido. Pero en 1790, Rosalie de Constant empezó a trabajar en su Herbario, surgidas las primera acuarelas de una obra que debía contener unas 1.251 hojas, cuyas muestras ella reunió en una y otra patria. Un año antes se había iniciado la Revolución Francesa, aquel tremendo intento de cambiar las relaciones entre los seres humanos. Más tarde, cuando la señorita aún dibujaba y pintaba, Robespierre empezó a dejar rodar cabezas, Napoleón puso Europa patas arriba, llegó hasta la cumbre y luego cayó, se intentó restaurar y renovar. Entre tan dispares empresas, entre la de la tranquila suiza del oeste y la sangrienta de la historia universal, parece no haber ningún vínculo de unión; a no ser que uno quiera interpretar en esta pintura floral apasionada una evasión de la época hacia las regiones puras y sin dolor de la flora. Pero cualquier evasión de la época es ilusoria: la época nos tiene, nosotros no tenemos a la época. En lo que llevamos a cabo, la época procede a través de nosotros, se expresa a través de nosotros. Los caminos son distintos, los impulsos, los mismos. Incluso cualquier época se desarrolla desde su pasado, progresiva e imperceptiblemente, arrastra consigo el lastre del pasado, todos los errores y prejuicios de los antecesores, todo se mezcla con lo nuevo. La humanidad piensa con muchas cabezas. Los resultados que consigue no son nunca inequívocos, tampoco nunca unitarios, sino dispares, contradictorios. Todo tiene que ver. La Revolución Francesa y el Herbario de la ginebresa tienen ambos sus raíces en la Ilustración. Rousseau es importante para ambos, ya que no solamente escribió *El contrato social,* sino que se dedicó a la botánica, y sus *Cartas sobre los principios de la Botánica* fueron decisivas para Rosalie de Constant. La Ilustración llevó a la revolución y la evolución a medidas de fuerza y planes de educación, a Marat y Pestalozzi. Cada época es paradójica, fabrica sus monstruos y sus genios, tiene sus vástagos salvajes y sus flores ocultas, lleva insensateces y bondades a la luz pública. Si hoy en día vemos más en este Herbario un conjunto de imágenes conmovedoras y estéticas, o si estamos de acuerdo en contemplar estas acuarelas casi como juegos de formas, de la misma manera no deberíamos olvidar que la suiza del oeste no quiere ser juzgada como pintora, acaso como *peintre naïf*. Cada época tiene su ciencia, su estilo científico, busca producir algo realmente concreto, busca sus propias curiosidades. En aquel cambio de siglo la ciencia de la naturaleza se basó fundamentalmente en reunir, ordenar, clasificar. Cuando se sometió a la filosofía lo hizo a duras penas y artificialmente. El ideal de la época era la composición de conjunto, y así estuvo uno entonces al orden del día. Por la sencilla razón de que aún era posible saberlo "todo", porque los conocimientos se dejaron superar por el individuo. Los especialistas no parecían aún necesarios, y allí donde aparecieron encontraron oposición. Los conflictos intelectuales de aquella época aluden quizá a la lucha obstinada de Goethe contra la óptica de Newton. La teoría de los colores de Goethe fue ciencia en el sentido de la Ilustración, la descripción y ordenación de los fenómenos, no una explicación; la óptica del inglés, por el contrario, es ciencia estricta en nuestro sentido, una vuelta de las apariciones en las leyes naturales, transportarse a lo matemático, pura física y, como tal, ya aislada, en gran parte solamente entendible por el físico, el especialista. Teniendo esto en cuenta, aún queda por dignificar nuestro herbario como una obra científica. A Rosalie de Constant no le importaban la organización de las células, ni la presión osmótica, ni la composición química de la clorofila, pero sí la configuración de las plantas, así como su individualidad. Las flores fueron retratadas. Se nos presentan como seres vivos, como cuerpos florales, liberados de un lugar, de la tierra, del humus. Son objetos puros, constantes manifestaciones de la misma fuerza vital. Pero la ciencia tenía que seguir insistiendo, descomponer la configuración, analizar. También la Botánica. Progresó cada vez más en lo no visible, se sumergió con sus microscopios y microscopios de electrones en lo infinitamente pequeño. Su camino llevó de la configuración del producto final de la vida a sus condiciones previas, en el ámbito abstracto de lo atómico. Pero por muy lejos que se atreva la ciencia en este reino inestable, nunca puede olvidar su origen. Ella proviene del deseo natural de saber, de su capacidad para observar. El Herbario de Rosalie de Constant es una obra universal de la observación de la naturaleza, una obra clásica y como tal intemporal, una muestra permanente del espíritu humano, una gentil escuela para la mirada.

30
VARLIN CALLA
Discurso para la concesión del premio de Arte de Zúrich
(1967)

Damas y caballeros,

El que en lugar de Varlin sea yo el que tome la palabra para dar las gracias, cosa que debería hacer él realmente, es algo poco habitual, en tanto que Varlin lo consiente y yo también lo hago. Para este mi discurso hay sólo una razón: Varlin me pidió hablar porque él quiere callar. Para el silencio de Varlin hay tres razones. Primera, Varlin sostiene que él no es orador, que es pintor. A mi propuesta de que él debía, como agradecimiento a los amigos y enemigos que están aquí en su honor, pintar un retrato del presidente, opinó que quizá al presidente no le parecería bien. Yo quería acto seguido preguntar al presidente si le parecería bien, pero prescindí. El autorretrato que Varlin quería imprimir para la invitación de esta fiesta es tan extraordinario, y presenta a Varlin en un atuendo festivo en extremo fuera de lo común, esto es desnudo, que incluso a un presidente de Zúrich tendría que intimidar.

La segunda razón para el silencio de Varlin está en que Varlin podría hablar naturalmente de lo que opina, no podría escribir, pero sí que puede. En realidad, teme que si pudiera hablar demasiado bien, hablaría. Las dudas que él mantiene ante su capacidad retórica se hacen manifiestas. De la misma manera en que el último galardonado desencadenó una discusión literaria que iba sobre la pregunta de si los preceptos morales pertenecen a un escritor al que le gustaría sobrevivir al paso de los siglos, y si se le podría exigir al poeta que se sintiera responsable de una sociedad presente y futura, así teme ahora Varlin que si él hablara podría desencadenar una discusión de pintura, y por eso no lo hace.

No está intimidado sin razón. Las consecuencias de la discusión literaria del año pasado no fueron inofensivas, sino serias. No para los que se pelearon y saltaron entusiastas al foso para combatir con gallardía de héroe, como en el fútbol se hubieran podido confeccionar las clasificaciones quién contra quién ha ganado o perdido dos puntos, quién contra quién ha conseguido empatar, y unos subieron y otros bajaron. Pero las consecuencias sí fueron serias para los que se vanagloriaron de haberse sentido aludidos por el ganador del premio del año pasado, que no calló como lo hace ahora Varlin. La enemistad entre los escritores aumentó. El discurso los desmoralizó. Las amistades se rompieron. Frisch y yo tan sólo nos comunicamos a través de nuestros abogados. De cómo Diggelmann trata conmigo, lo puede leer uno en la "nueva prensa". Hugo Loetscher me trata de modo marcadamente distante; anteriormente estábamos muy unidos. La famosa frase del famoso ganador del año pasado: "Cuando tales escritores sostienen que la cloaca es un símbolo del verdadero mundo: macarras, prostitutas y borrachos como representantes de la verdadera y desmaquillada humanidad, yo me pregunto: ¿en qué círculos se mueven?", se refería Hugo Loetscher a sí mismo por error. Él aludía a su novela *Aguas residuales*. Hugo Loetscher se equivoca. La frase iba por mí. He creado en la Sra. Nomsen una representante de la verdadera y desmaquillada humanidad, que no sólo aborta, sino que además es una alcahueta, mientras que Peter Bichsel se ha convertido en desgraciado, porque hasta ahora nadie se ha metido con su literaria inmoralidad. Tal como en Frank Wedekind *Muerte y diablo* una sirvienta se dedica a otras ocupaciones que no son las de la casa, ya que acaba entusiasmándose por lecturas de documentos sobre la trata de blancas para trapichear como objeto de ese mercado de mujeres, de la misma manera el discurso del silente Varlin hubiera tenido el efecto en el orador del año pasado, de que todo escritor podría ser de lo más inmoral.

Bajo este punto de vista deberíamos agradecer el silencio de Varlin. Una discusión parecida entre artistas plásticos conllevaría consecuencias peligrosas, tan sólo porque, por ejemplo, los escultores tienen a su disposición armas totalmente diferentes que los escritores. Éstos disponen sólo de pluma y tinta, bolígrafo y lápiz, e incluso una máquina de escribir que se nos antoja pesada para la lucha cuerpo a cuerpo, contra uno al que se arroja un Aeschbacher a la cabeza, sale airoso al menos de la necesidad de ir al hospital.

Y así llego a la tercera razón. Varlin calla por perspicacia, me place formularlo debido al lugar donde nos encontramos. Puesto que el presidente, con intención de concejal, quiere evitar una segunda discusión, deja honrar a Varlin en la sala de conciertos. Varlin entiende además el consejo. Un pintor tiene que guardar silencio en la sala de conciertos y así calla, tratado un poco injustamente, tenemos también que reconocerlo, ya que cuando un pintor tiene manifiestamente que callar, ¿por qué pudo hablar el año pasado un profesor de literatura en el teatro? Yo no entro tampoco en una iglesia y lanzo una invectiva desde el púlpito contra los teólogos, que no me importan. Un teatro es justamente un edificio en el que un profesor de literatura tan sólo es un espectador donde no tiene nada que decir. Varlin habla en su estudio y en Niederdorf[1] y guarda silencio aquí, una muestra de que él se siente responsable ante la sociedad actual; si se sentirá responsable de una sociedad futura, no lo sé. Sabiendo, sin embargo, cómo trata a sus cuadros y por qué materiales él a veces pasa el pincel, dudo pues si van a ser capaces, por técnica pictórica, de sobrevivir al paso de los siglos. Pero consolémonos. Creamos en la inmortalidad y saludemos con la imaginación a las legiones de restauradores aún por nacer que algún día van a quedar prendados de los restos de sus pinturas para reconstruirlas.

Dicho todo esto, el silencio de Varlin es, no obstante, lamentable. La pregunta que planteó el galardonado del año pasado no la he entendido nunca. Varlin quizá me hubiera podido ayudar con su discurso, que ahora no pronuncia, a entender aquél que se pronunció. Él podría haber aportado información sobre si los preceptos morales de algún tipo van con un pintor, si él pinta con o sin preceptos morales.

Varlin calla.

No estoy en contra de los preceptos morales. Considero una obligación que un ser humano, civilizado a medias, se apropie de unos razonables preceptos morales; incluso los seres humanos incivilizados los poseen, y yo confirmo que en Varlin también hay huellas claras de preceptos morales. A saber: ¿pinta con ellos?

Varlin calla.

Estoy también dispuesto en cualquier momento a retarme en duelo con Werner Weber sobre preceptos morales. Tan sólo sé cómo debo escribir con mis preceptos morales. No me molestarían, estarían de pie junto a mi máquina de escribir llenos de reproches; no, tan pronto me pongo a escribir mis preceptos morales se alejan con mucho tacto y ya no tienen la más mínima importancia. ¿Me sucede sólo a mí? ¿Dictan a otros? ¿Conducen el pincel cuando Varlin pinta?

Varlin calla.

El escribir tiene que ver con la fantasía, la imaginación, la observación, el instinto del juego, con lo consciente y también con lo inconsciente. ¿Tiene también esto importancia cuando se pinta?

Varlin calla.

Escribir es el descubrimiento de lo humano en cada una de sus formas. Igual que Sócrates se veía a sí mismo en sus actos como un delincuente, de la misma manera el escritor trata de descubrir en cada ser humano al ser humano; lo especial, lo único, él ama, al escribir, en cierto modo a las figuras como criaturas, sean buenas o malas, él las ama como sus creaciones, no como algo universal que no convierte al ser humano en ser humano, sino en un concepto zoológico, en un primate. ¿Es diferente a la hora de pintar?

Varlin calla.

¿Quizá no tiene nada que ver el arte con los preceptos morales que en él se encontrarían, o en el pintor o el escritor, y sí en cambio con los preceptos morales de la sociedad? ¿Se ha convertido la sociedad en objeto de arte y por eso Varlin acaba pintando personas, edificios de personas y objetos de personas como un autobús o un paraguas?

Varlin calla.

¿No dependen los preceptos morales de una sociedad de hasta qué punto a la organización de esta sociedad se la llame moral? ¿Repercute de alguna manera esta pregunta en el mundo actual y con ello en el arte, y tiene quizá algo raro la pregunta sobre si los preceptos morales de los artistas se consideran seriamente? ¿No tenemos que mostrarnos algo recelosos ante los preceptos porque cuáles se consideran morales y cuáles lo son? ¿Acaso Schiller no incrementó las energías morales, sino que las disminuyó? ¿Vio la moralidad como algo demasiado universal y demasiado sublime? ¿No ofreció quizás un valor de reclamo a cualquier posibilidad, según dicen en su nombre y en nombre de la libertad de llevar a cabo todo lo posible, incluyendo asquerosidades de un gran estilo? ¿Realmente no tenían nada que ver los clásicos de Weimar con el nacionalsocialismo, y es acaso una blasfemia plantear esta pregunta? ¿Tenemos que creer en los clásicos? ¿Crearon sólo obras de arte? Referente a la pintura, ¿no hay ningún Tiziano malo, ningún Rembrandt mediocre, como hay a veces también un mal Varlin?

Varlin calla.

¿Fue el mundo sano de los clásicos alemanes realidad o fue una evasión de la realidad? ¿No es quizá su mundo sano tan sólo una ficción de una cierta ciencia literaria? ¿Por qué no se podría de igual manera, solamente de una manera más lógica, hablar de un mundo sano de la química o de un mundo de otra ciencia, y por qué no lo hacen las otras ciencias? ¿Deja de ser quizá una ciencia la ciencia literaria que habla de un mundo sano del espíritu, pasando a ser un tipo de teología literaria? ¿No concibió el marxismo la moralidad de modo demasiado unilateral y por eso fue su arte tan horripilantemente aburguesado? ¿Por qué exigen Estados totalitarios y sistemas de pensamiento totalitarios siempre lo ejemplar, lo positivo y por qué se exige también aquí en Zúrich? ¿No se considera a Varlin como nihilista, como un pintor negativo?

Varlin calla.

No significa: "Señor, conceda Ud. libertad de pensamiento", también: "Señor, conceda Ud. libertad para el arte". Probablemente conste como tarea de una verdadera democracia el desarrollar un orden social que sea humano, sin corromper lo demasiado humano y que continúe siendo moral sin dejar de ser humano. ¿Acaso no se encuentran los Estados marxistas por lo general ante el mismo problema? ¿Es quizá una democracia posible solamente cuando es viable y con ello auténtica? ¿Necesita por ese motivo la democracia el arte como correctivo, como intérprete rebelde de los buenos y los malos actos del ser humano? ¿La democracia no necesita justamente por eso preocuparse por los preceptos morales de los pintores y escritores, por que ella ve en el arte la posibilidad de un conocimiento de sí mismo y no el culto a sí mismo? ¿Es quizás nuestro arte actual un arte democrático, que no obedece al dogma del realismo socialista, mientras que el período clásico de Weimar y el arte civil que éste mostró fue un arte aristocrático encubierto, una arte pequeño aristocrático, como casi se le quiere llamar? ¿Es de ahí quizás un Varlin sólo posible en una democracia y es con ello la prueba de que estamos aún en una democracia?

Varlin calla.

Ojalá estas pruebas no se conviertan en vestigios. Mi discurso es imaginario. Se me reprochará que yo lo habré pronunciado para manifestarme a través de Varlin y posiblemente

Varlin me ha hecho un retrato para así expresarse a través de mí.

Seguramente, si Varlin apenas hubiera abordado las cuestiones que a mí me ocupan, habría pronunciado su discurso. A lo sumo se hubiera entretenido en restituir informativamente el discurso del orador del pasado año, a darle información amistosa sobre aquellos círculos que aquél no conoce, o le hubiera dejado claro que para un pintor que presenta al ser humano y no a la pura y más divina humanidad no hay círculos en Zúrich, sino que sólo un círculo 1, donde se encuentra el estudio de Varlin, o un círculo 4, donde Varlin vivió muchos años. Probablemente, además, debe haber una cuarta razón por la que Varlin no habla. Quizás encuentra absurda cualquier discusión sobre pintura y literatura. Quizás es de la opinión de que nosotros mismos nos barramos el paso a un arte cuando le formulamos pretensiones. Quizás considera que deberíamos sentir más diversión y curiosidad por el arte. Quizás cree que debemos admitir el arte como un fenómeno de la naturaleza, que amamos más que dirigimos, que ante él deberíamos ser menos estetas y moralistas y en cierto modo más científicos, y esforzarnos no por llegar hasta su estilo y sus valores morales sino para llegar hasta sus leyes, que siempre aportan nuevos contenidos y formas. Y quizás está totalmente convencido de que en Zúrich, no las artes, sino los artistas, corren peligro de convertirse en un artículo de lujo del bienestar.

Pero dejemos las especulaciones sobre un discurso que no va a pronunciarse. Volvamos al significado de este honor. No es ninguna buena señal que las ratas abandonen un barco y los artistas una ciudad. Para evitar eso, Zúrich, como otras ciudades, ha creado también un premio de arte y se esfuerza especialmente en ello, en cuanto a los recursos suizos, de manera que las finanzas no desmejoran el premio pero el galardonado pueda sentirse agradecido sin que se le suban los colores.

A este homenaje de hoy le incumbe aún otro significado. No es siempre fácil entender sin ser de Zúrich; sin embargo, para un bernés también es perceptible el matiz prudente y político cultural que nos ha llevado al homenaje de hoy. Si el año pasado honró a quien le gusta la ciudad tal como la desea; hoy honra a quien la pinta tal como es. Zúrich representa, si no una ciudad universal, sí un mundo; como tal, para mantenerse en alza, necesita de un Dios y un diablo. Zúrich necesita a un Staiger y a un Varlin. Ambos homenajes son también, por así decirlo, una petición de medidas de precaución, una tímida petición a ambos dioses locales, para que así el primero no moralice la ciudad en demasía y el otro no la satanice. Esperemos que esta petición no llegue demasiado tarde. Varlin le vuelve un poco la espalda a Zúrich. Se ha mudado a Bondo, y si falta la piedra de toque, falta la piedra angular: un Zúrich sin Varlin corre el peligro de convertirse en víctima de sus preceptos morales.

Y llegamos así a los agradecimientos. Le damos las gracias a Manuel Gasser por sus palabras; él se ha pronunciado como nadie, sin equivocarse, a favor de Varlin desde hace años. Gracias también al presidente por la concesión del premio con el que ha honrado a Varlin y también a sus amigos, que son una pequeña multitud. Le damos las gracias también a Varlin, el joven padre de 67 años que ha recibido el premio. Sé que le gusta, pero que a la vez le ha puesto un poco triste. No lo ha tenido fácil en y con esta ciudad, a la cual y a cuyos habitantes describe de manera incomparable más con humor que con amargura.

Pero no quiero concluir con una disonancia. El galardonado del año pasado cerró su discurso con la invitación de volver a Mozart, del mismo modo: ¡volvamos a Honegger!, cuyos acordes nos consuelan; aunque sin una muy buena conciencia, Varlin había decidido para su celebración la música del Ejército de Salvación.

Nota

[1] Población de Alemania.

31
VARLIN
(1969)

AQUEL MEDIODÍA en su estudio de Zúrich, en que Varlin me retrató por primera vez, me impresionó la obstinación con la que él intentaba colocar un lienzo (2 × 1,4 m), que caía continuamente, al aire libre. Pintaba sin caballete y aun así lo conseguía. Posiblemente el lienzo no estaba suelto del todo; posiblemente se apoyaba en algún sitio y de alguna manera, en un muro o en un sillón, pero a cualquier otro se le hubiera estado cayendo una y otra vez. Al pintar parecía que apenas tocaba el lienzo. Me pintó como si fuera una mezcla entre Ganghofer y Nerón (posiblemente Varlin, con esto, listo como era, acumuló una crítica literaria).

Cuando me retrató por segunda vez tuvo, bastante descontento con el primer intento, repentinas dificultades. Decidió dibujarme. A lo largo de las paredes de su estudio se apilaban los cuadros; encima de una mesa se apilaban grandes cantidades de alimentos: carne grisona, jamón, mortadela, sardinas, queso, panecillos, pensados en realidad como aliciente para que hiciera de modelo sentado, aunque un papel de dibujo no los dejaba a la vista.

No sólo mi cabeza le hacía crear. Planeó ponerme un fondo. Una vez había pintado un cementerio español, una pintura enorme, cuyos fragmentos se veían entre los cuadros colocados delante. Ante esta triste obra de gran tamaño me quería colocar. Habiendo cogido más confianza conmigo, acabó desistiendo. Me pintó sentado, parecido a un surrealista Oscar Wilde, que Hochhuth hace de Churchill, con un vaso de whisky en una mano y un puro en la otra. Cuando me lo encontré meses después me miró lleno de reproche. No estaba tan gordo como me había pintado, refunfuñó. No tenía el aprobado de su arte. Tras un estreno de los *Anabaptistas* al que había asistido con mi editor, me felicitó de todo corazón. Había dormido fantásticamente, me dijo sorprendido. Cuando más adelante fui a su estudio, había acabado de pintar el fondo de un retrato. De un amarillo cadmio chillón. Siempre me ha gustado ese retrato: representa a una sirvienta italiana emperifollada, una Sophia Loren de la cocina. No me gustaba en absoluto ese amarillo y se lo dije. Bastante claro y bastante rudo. Le afectó un poco. Había tenido ese amarillo cadmio en la paleta y lo tenía que utilizar en algún lugar, dijo aclarando el infortunio. En absoluto se puede ser lo bastante rudo con los cuadros: Cézanne los lanzaba a los árboles.

El tercer retrato mío surgió en Neuchâtel. Había descubierto un lienzo vacío, requirió mi caballete y mis pinturas al agua y mis óleos, tenía a su disposición pues la mera escala de colores de un amateur, además de una luz que no correspondía y estaba de espaldas a la ventana, directamente de pie junto a mí: yo estaba sentado en un sillón rojo. Así, tenía la luz idónea, pero no la distancia. Pintó durante toda la tarde. A todo esto, en mi despacho, estuvimos hasta bien entrada la noche: Varlin, su mujer Franca, el actor Ernst Schröder, al que había pintado con la velocidad de un rayo por la mañana, un amigo, mi mujer y yo. Bebimos Burdeos. Ante nosotros mi retrato. En cierta manera ante mí mismo, empecé con humor negro, a criticar, a bromear sobre la papada, que Varlin me había adjudicado en el cuadro sin ninguna intención, puesto que él durante su trabajo me había mirado hacia abajo. Varlin cogió un carboncillo y lo retocó, pero no la papada, sino las cejas, sosteniendo que lo que aún no quedaba bien era la nariz y, otro día, después de la comida, cuando todos querían ir al lago, se puso de nuevo manos a la obra. Tuve que volver a sentarme mientras los otros esperaban. Partiendo de la nariz empezó a cambiarlo todo. Pronto volví a estar sentado durante dos horas, el calor era insoportable, al final me enfadé de mala manera; me tenía que cambiar la camisa cada dos por tres porque el color no le parecía bien; nuestro pequeño perro tenía que estar en mi regazo, otra pipa en mi boca, luego no, más tarde otra, se eliminó el sillón; el amigo bajaba zumbando a Neuchâtel y subía una y otra vez con nuevos colores comprados. Varlin maldecía, yo maldecía, el perrito mordía, las mujeres limpiaban pinceles en el cuarto de baño. Varlin pintaba como un poseso, de pie, sin sentarse, siete horas ininterrumpidamente, ora desesperado, ora sorprendido: un pintor en lucha contra su objeto.

Un día me mostró un cuadro de gran formato, un bebé enorme en un carricoche enorme. Él se quejaba de que algunos se molestaban por ese cuadro, se defendía apasionadamente de los reproches de aquellos que pensaban que su pintura era una caricatura.

De acuerdo: Varlin no se deja clasificar fácilmente en el curso actual de la pintura. Es un caso. El caso de un pintor que se encuentra en la era fotográfica.

La fotografía es un retrato de la realidad tomado por un aparato técnico. Es algo objetivo captado a través de un objeto. Conserva el instante, recorre un segundo, una centésima de segundo. La cámara es un aparato científico; la fotografía, el resultado de un proceso fisicoquímico.

La invención de la fotografía llevó a la pintura a lo absoluto, a lo sólo pictórico, la llevó a la forma pura, a lo abstracto, y con ello a una cadena de revoluciones, que a menudo son sólo variaciones, se alternan y desvalorizan, la lleva a una inflación de las teorías y de las filosofías artísticas. La pintura abandonó la documentación de la técnica. El mundo como aparición, como suceso, como proceso, tan sólo se documenta en la imagen a través de la fotografía. La pintura abstracta es un documento de una posibilidad del intelecto y del sentimiento: es arte reconcentrado. La pregunta que se plantea es si la pintura documenta lo suficiente al ser humano, si en su retirada de la documentación no dejó un vacío tras de sí. Planteado de otra manera: si el retrato, más exactamente, si una pintura no reconcentrada, o por lo que se refiere a nuestro caso, la pintura de Varlin, tiene hoy en día algún sentido, puesto que todo lo que Varlin pinta es retrato, sean personas, autobuses, manicomios, cuarteles o, incluso, un urinario público.

El ser humano vive y experimenta de forma no científica. Para experimentar se requiere tiempo. Lo experimentado desemboca en la memoria; la memoria se hunde en el inconsciente. Lo experimentado se transforma y se convierte posteriormente en vigente. La memoria no es infalible; el inconsciente no es objetivo. Los sucesos que nos acontecen, las personas que originan nuestros sucesos, no quedan sujetos tal como eran anteriormente; nos acordamos de cómo eran, de cómo los habíamos valorado y cómo los valoramos posteriormente. Nuestros recuerdos se liberan de nuestra memoria, después de ser convertidos desde nuestro subconsciente aparecen de nuevo como desde un mundo subterráneo.

Pintar haciendo retratos es experimentar, no fotografiar, más comparable a recordar que no a copiar. Para los documentos de los aparatos sobre las personas necesitamos los testimonios de las personas para las personas. Lo concreto es lo primordial, lo abstracto lo secundario. El mundo se encuentra dentro de lo concreto, eliminado en lo abstracto como manifestación pero reconstruido como forma. Lo concreto del ser humano es su individualidad, su unicidad. El rumbo que sigue nuestro pensamiento forzosamente no ama lo individual. Nuestra época necesita de la abstracción (científica, social, política). Necesita lo calculable, tiene que acabar aprendiendo a planificar. Lo individual es incalculable, molesto, pero presente. La pintura puede seguir la tendencia de la época o contraponerla, pero no puede huir de ella. Tampoco hay en ella un retorno a Mozart. La pintura puede ser concreta o abstracta, pero ya no romántica. Tan sólo puede llegar a algo general, a leyes y formas o a lo individual. Lo individual sólo es romántico y con ello burgués cuando se fija como algo absoluto y no cuando se entiende como una corriente dialéctica que fuerza una constelación. Lo individual, y con ello lo concreto como meta de la pintura, tan sólo es posible hoy en día como una oposición necesaria, como correctivo a la tendencia de la época, para que ésta no se convierta en inhumana. Lo individual, entendido como idilio o anarquismo, no es nada más que una reacción superflua contra la época.

La pintura de Varlin es posible. Con ello surge la pregunta de si verdaderamente hoy en día existe una pintura que siga la tendencia de la época, como hemos sostenido. En el sentido del realismo social seguro que no. La pintura puede ser abstracta o concreta, pero ya no romántica, escribíamos. ¿Es verdad esta frase? Exijamos un poco menos. ¿Es capaz de ser la pintura abstracta una ilustración de la tendencia de la época científica? ¿No es precisamente la pintura la que sólo puede ser pura intimidad, en verdad romántica y con ello una evasión de la época? La física nuclear es quizá así de abstracta, cosa que la pintura no puede ser en absoluto. La pintura abstracta huye de la época, en tanto que se le queda a la zaga. Queda sencillamente detrás. Pero con esto la pregunta sobre la esencia de una pintura que siga la tendencia de nuestra época no se ha respondido. Aquí tendríamos que hacer referencia a Picasso. Sigue la tendencia de la época en tanto que construye un mundo. En las direcciones artísticas, que pueden lograr esto, podemos encontrar a Varlin como verdadero oponente.

Volviendo a Varlin: la pintura de retrato puede idealizar o criticar al ser humano, pero normalmente reproducía al cliente y pintaba a la persona como ésta se quería ver y no como la veía el pintor. No del todo cierto, realmente no, quien no recuerda a Goya y demás. Pues como se pintaba entonces a los poderosos sublimes, no ensangrentados, como se pintaba a los dioses, bellos, pero no terribles. Se aceptaba el sistema de la sociedad y se jugaba con ello. Si se pintaba a un general digno, se pintaba a un general al que su profesión le concedía dignidad. Varlin pintaría un general que creería que su carrera le concede dignidad. Para la Expo pintó un Ejército de Salvación.

No como masa, sino como un grupo de nueve personalidades magistralmente criticadas y con ello individualizadas. Ante nosotros el Ejército de Salvación.

Varlin como pintor crítico: es hasta aquí uno de los pocos pintores que aparentemente no tienen mucha cabida en la evolución de la pintura que ha seguido ésta hoy en día, tal como él reproduce el mundo, como él lo ve (lo que en el caso de Picasso no tendría sentido sostener). En Varlin depende del "cómo".

La pregunta de cómo un cierto pintor ve el mundo que representa es la pregunta de la esencia de su crítica expresada a través de su pintura. La fotografía no critica, lo que no excluye que no podamos criticar el mundo de acuerdo con las fotografías. Generalmente, para nosotros una crítica sólo es imaginable cuando utilizamos leyes y medidas que quedan fuera de cualquier arte: en caso del drama en la dramaturgia, en el caso de la pintura en alguna teoría de la pintura. Una crítica, la pintura lo es, una crítica "pictórica", tan sólo es imaginable cuando nosotros imaginamos un comportamiento básicamente crítico, que origina que el artista pinte. Este tipo de crítica tiene que estar directamente en oposición a la crítica analítica e intelectual.

La crítica de Varlin es su sentido del humor. Él ve el mundo a través de su sentido del humor y lo reproduce con éste. Con ello hacemos referencia a la mayor dificultad que muchos tienen con Varlin: no poseen su sentido del humor. El sentido del divide al mundo en dos partes. Igual que hay personas con y sin humor, también existe una cultura con y sin humor. El humor lo entiende solamente quien lo tiene. Por esta razón no se ha reflexionado seriamente sobre el humor, con lo que queda abierta la pregunta de si aquél que lo tiene necesita reflexionar sobre él seriamente; o bien si el que no lo tiene pueda llegar a él cuando reflexione de manera seria sobre él. Soy escéptico. Ciertamente, la ciencia literaria ha tomado conciencia del humor, esto sólo puede querer decir una cosa, que la parte sin humor de él ha tomado conciencia. El resultado lo tenemos ahí: humor negro, teatro del absurdo, juegos cómicos y farsas, etc., todos estos conceptos pueden, pero no tienen que tener relación con el humor. El sentido del humor es algo individual, una capacidad individual. Por esa razón depende quién tiene sentido del humor: tal como sea la persona, será su humor. El sentido del humor de Varlin no es en absoluto inofensivo, si no su pintura también lo sería. Para soportarlo se requiere una cierta talla. Kierkegaard, que reflexionó con mucha más agudeza que la mayoría sobre el arte, escribió una vez que el humor contiene un escepticismo mucho más profundo que la ironía, puesto que en el caso del humor no todo gira alrededor de lo mundano, como en la ironía, sino alrededor de la capacidad de pecado; si el escepticismo de la ironía se encuentra en su ignorancia, el escepticismo lo vemos en el dicho antiguo: *Credo quia absurdum*. Pero el humor contiene un positivismo más profundo, puesto que no encuentra sosiego en convertir al ser humano en ser humano, sino en convertir al ser humano en ser divino. De ahí que Kierkegaard no modifique el humor en sí, ni siquiera el humor cristiano, que raramente poseen los cristianos, él modifica su propio sentido del humor. El humor en sí no existe. Y de ahí me parece como si se reflejara también en el humor de Varlin la extraña frase de Kierkegaard. Las creaciones de Varlin se me antojan como resultados de la historia de la humanidad, a la que no le podemos atribuir bien la "capacidad de pecado", aun cuando sea éste un concepto religioso. Y el hecho de que a pesar de todo amemos las creaciones de Varlin radica en que son algo más que seres humanos. Aunque pinte prostitutas, escritores, vabagundos u otras personas honradas, no son nunca sub-personas, sino creaciones. Creaciones de un pintor que ama las personas, aunque él las vea tal como las pinta. Quien ama al ser humano de esta manera le está dando una oportunidad. *Credo quia absurdum*.

Se me reprochará el juzgar el arte de Varlin demasiado desde mi punto de vista. Estoy en mi derecho. Estoy fascinado con Varlin. Esto tiene que ser un motivo para mí.

32
PARA VARLIN

En mi despacho
  Cuelga tu Ejército de Salvación
Dos guitarras, una trompeta, una bandera
  Nueve hombres
Más creyentes que yo

Cuando salgo de mi estudio
  Me sonríe irónicamente el amigo Loetscher
Él sabe de mis errores gramaticales

Sentado en el comedor
  Escuchando atento a mi mujer
Como improvisa con el piano de cola
  Se arrellanan tras ella en dos sillones
Dos personas en la pared
  Un hombre y una mujer

Yo como
  Miro a la napolitana

Que no quiso acostarse contigo
　Porque no eres católico

Y detrás de mí
　Brilla en negro un urinario público
A través de la niebla de París
　Non olet[1]

Estoy ante mí
　Pintado por ti
Un cuerpo gordo de grasa y agua bebe
　Amablemente a mi salud
Que en un crematorio algún día se evaporará

Somos ciegos sin tus caras
　Nosotros solamente somos tu objeto
En lo superfluo no cedes

Das forma a nuestros hechos, vengas a nuestros malhechores
　En tanto que nos dibujas
Como el rey Caín

Nota

[1] Expresión latina pronunciada por Vespasiano a su hijo en referencia al dinero, en español: "no huele".

33
NOTAS A HANS FALK
(1975)

LA DIFICULTAD de hablar de cuadros ha aumentado desde que son reproducibles. Se ha convertido en inútil querer narrar una imagen, aun cuando lo inútil no quita las ganas de hacerlo, sino que, por el contrario, a menudo las acrecienta. Quien gusta de contar, lo hace de buen grado, y con ello su narración se justifica subjetivamente; la creación literaria, en caso de que escriba sobre cuadros, no necesita ninguna justificación. Aun así se ha vuelto más difícil. Un buen libro de arte necesita poco texto, unos pocos datos técnicos, información sobre el artista, no más.

Ciertamente, se puede hablar de estilos que utilizan cuadros como ilustración del desarrollo personal y general del pintor, como expresión de una época, de una situación histórica en especial o, para mí, de una lucha de clases en lo que se refiere a lo general, o un miedo primitivo, por qué no, en lo que se refiere a lo personal; no está permitido contradecir nada ni a nadie.

O se escribe sobre el pintor.

Seguramente, sus cuadros son más importantes que él, como mínimo protestaría, alguien sostuvo que él era más importante que sus cuadros porque el creador es siempre más importante que sus creaciones, una opinión por cierto ofensiva siendo sin embargo todos nosotros creaciones, ofensiva igual que muchas otras opiniones que no se pueden contradecir. Cuanto más, porque cada obra de arte, sea una pintura, un poema, etc., remite inevitablemente al ser humano que la creó, del cual es documento.

De momento. El documento de un tiempo, de una época o de una lucha de clases, es pues una obra de arte en contraposición con el arte industrial no sólo en segunda, sino incluso hasta en tercera línea. Señala, visto de esta manera, como expresión de un tiempo, de una época, etc., resumidos más hacia el creador de la obra de teatro al que habla el crítico. El esteta emite un juicio estético, el moralista uno moral y el clérigo uno religioso sobre la misma obra de arte.

Uno queda así preso de lo subjetivo. Sin embargo, ninguna observación es capaz de ser tan subjetiva, aunque sea involuntariamente, que no salga algo auténtico, aun cuando esto mismo no sea algo objetivo, sino, como cualquier interpretación, tan sólo una referencia.

Pero no se pueden exagerar tampoco sus dudas cuando aparecen justificadas; que Hans Falk vive en Urdorf[1] ya lo corrobora el listín telefónico. Por dicho motivo tiene que haber algo verdadero si uno deduce involuntariamente que Urdorf pertenece a la Suiza primitiva[2].

La imposibilidad de encontrar Urdorf en el paisaje fuera del listín telefónico se fundamenta con dos razones: igual que un cuadro primitivo[3], hay y no hay un Urdorf. Tampoco existe un paisaje donde debiera encontrarse Urdorf, más que nada porque no hay paisaje. Urdorf está al lado de Zúrich. O mejor dicho, *en* Zúrich, puesto que dónde empieza y dónde acaba Zúrich ya no lo sabe nadie con certeza. La aglomeración se ha ido formando paso a paso, probablemente precipitada por el final de la coyuntura favorable, que finalmente eclosiona, un caos no planificado de fábricas, talleres, catedrales comerciales, escuelas, garajes, edificios privados, edificios públicos y demás, etc. (sólo faltan burdeles, alegría en general)[4], un desierto de hormigón, que algún día irrumpirá en el desierto de roca de los Alpes, éstos también pronto engullidos, amenazados por las autopistas, que se incrustan no sé dónde, un mar de hormigón del que dicen las leyendas que se está instalando un mar en su interior, universidades, una ópera y un teatro y quizá otros indicios de una empresa cultural en masa, cubierto todo, tan sólo reluciente mediante hormigón líquido. Posible, por lo que se refiere al mar, sin embargo, mejor no entrar en detalles.

Los caminos tienen pues, los que tiene uno que tratar, o mejor dicho, los que se deberían tratar, que descubrir a Hans Falk, aparentemente no tienen nada que ver con él, pero en realidad muestran la situación en la que se encuentra, y de ahí no sólo él, sino también los suizos, habitando en un paisaje urbanizado que ya no es ningún paisaje, sino un país edificado. Cuando reflexiono sobre los caminos que he recorrido hasta llegar al estudio del pintor, sea por la autopista desde Berna, sea desde Zúrich, siempre por los mismos suburbios, dando vueltas continuamente para, de repente, acercarme por un camino irreal y sin asfaltar dentro de este laberinto hasta el estudio, como si uno estuviera en un pueblo primitivo[5]. Si intento investigar el camino, me queda claro que este extraño vivir en "alguna parte" tiene algo que ver con sus cuadros, que a mí, por lo que se refiere a sus cuadros metafóricos londinenses, se me antojan extrañamente "mudos". Es como si se observaran acontecimientos desde un lugar que está separado del mundo exterior por gruesos cristales.

Que un cuadro sea mudo, parece ser solamente una afirmación un tanto banal, que no dice nada, igual que aquella de que la pintura sólo puede hacer alusión al espacio y al movimiento, cuando en realidad carece de ellos. Sin embargo, se pasan a menudo por alto las perogrulladas. Puesto que en todas estas afirmaciones, que nos parecen tan banales, se manifiesta la realidad de que un cuadro es en sí algo abstracto, pero también que las diferencias que presuponemos acaso entre aquella pintura metafórica, concreta y abstracta no tienen sentido. Refiriéndose a Falk: la opinión de que es un pintor que pinta bien abstracto, pinta bien metafórico, es una clasificación literaria.

Sería más propio decir que se ve obligado a expresarse en diversos métodos pictóricos, porque abiertamente no es tanto el pintor sino el objeto de su pintura el que determina el método pictórico que tiene que utilizar. Lo que llama la atención en este pintor es la falta de un estilo.

Volviendo al mutismo: su impresión surge de una técnica concreta. Acrílico sobre el lienzo. Seguramente, el material con el que pinta tiene mucha importancia. La cuestión es por qué se escoge un material en concreto. Gracias al acrílico surge en cuadros de gran formato el efecto de la pintura al temple. Surten el efecto de estar dibujados, como si se hubiera utilizado un mínimo de color. Dan la impresión de una ligereza virtuosa de la pintura, como si fuera creada en pocos minutos, en especial porque los restos del color que se han colado por debajo del marco del cuadro se dejan a la vista. Esta impresión engaña. Un cuadro no necesita parecer técnicamente acabado o tener las marcas de un trabajo inacabado: el proceso de la creación se esconde por norma general detrás del resultado.

Si el objeto determina aquí el método pictórico, démosle validez a la frase, se puede entonces preguntar por el objeto que exige este dibujar aparente. Existe pues, hay que responder a ciertas preguntas en referencia a la pintura, un sencillo proceder: en tanto que transportamos la pregunta de lo pictórico a lo fotográfico, la respuesta nos resulta más fácil. Tendríamos que recurrir al flas en fotografía para conseguir un efecto parecido al de Falk en sus cuadros londinenses. Un efecto parecido pero, con mucho, no el mismo. Gracias a esta técnica fotográfica es posible capturar la centésima parte de un segundo, el momento en el que, por ejemplo, el disparo de un revólver hace trizas una manzana. Tiempo disecado por lo tanto. Esta posibilidad aparece en contraposición con aquella que captura objetos muy alejados, galaxias, arrojados miles de millones de años luz más allá; para esta imagen la placa fotográfica se tiene que iluminar más de un centenar de horas. Si aquí se hace visible un objeto, en el que el tiempo humano ante las increíbles dimensiones temporales y espaciales no tiene la más mínima importancia, en el flas se refleja una fracción de segundo que en la vida del ser humano, en su percepción temporal, no juega ningún papel y, cuando lo hace, tan sólo puede jugar un papel inconsciente. Si de manera especial los cuadros londinenses de Falk producen la impresión del flas, será sólo porque Falk no lo quería manifestar de manera consciente. Por eso quizá *El rapto de la hija de Leukippos* es una descripción, aunque realmente de lo que es el rapto, de la escena que manifiesta, refleja tan sólo una fracción de segundo. La exactitud, no obstante, con la que se cuida cada detalle, a la que se añade el modo plástico de pintar, así como la composición artística, eleva esa fracción de segundo, la hace infinita, convirtiéndola justamente en descripción. Falk, por el contrario, especifica aún más. Lo que deben representar los cuadros se torna ambiguo; un cuadro como *Hypnotic Mirror* podría ser una orgía o la escena de un asesinato, como aquella en la que fueron víctimas Sharon Tate y sus amigos, etc.; sus cuadros son como sueños fugaces que concentran vivencias en una fracción de segundo.

Falk como narrador: en nuestros encuentros en Urdorf siempre me ha llamado la atención como narrador, pero no como uno que cuenta anécdotas, sino impresiones, tranquilo, magistralmente, tal como pasea con Yvonne por Harlem, comprando tranquilamente, sin miedo; de repente, mientras presto atención, Harlem está frente a mí, noto el calor permanente e inamovible de la enorme ciudad, entonces, inesperadamente, su traslado a la Bowery[6], al estudio de un pintor que estaba de viaje, su primera mirada desde la ventana hacia otra justo enfrente, a una habitación ajena al otro lado de la calle, una mujer desnuda masturbándose en la cama, hombres de pie alrededor, con las manos en los bolsillos, indiferentes, algunos fumando, otros mascando chicle. Falk narra como si colocara una capa de recuerdos a la hora de contar, bajo la que, si ésta se estropea, aparece una nueva. Al pintar se me antoja que estas capas son transparentes, la superior representa el cuadro, pero debajo aparecen las restantes. La ambigüedad de Falk resulta de la suma de sus experiencias; él no las manifiesta sucesivamente, sino al mismo tiempo.

En sus cuadros crecen impresiones que se van almacenando, junto con síntesis, y que por ser síntesis de impresiones se convierten en ambiguas. De acuerdo, este concepto no le gusta a la época actual, ésta quiere lo unívoco, en la política como ideología, en la economía como fórmula. Pero que pueda existir algo inequívoco en sí es otra cuestión. Decidimos siempre ver esto o lo otro, o de un fenómeno contar esto o lo otro. Por ejemplo, con qué aceleración un cuerpo choca contra el centro de la Tierra, con lo que la correspondiente fórmula no enuncia la esencia de la gravitación, sino sólo algo de su efecto, en referencia a su esencia permanece ambigua. De esta reflexión no necesita ocuparse la física, ésta tan sólo quiere enunciar de la naturaleza aquello que se deja enunciar, la analiza mediante sus leyes. Una de las facultades más sorprendentes de la pintura consiste, sin embargo, en no tener que analizar, sino poder representar la ambigüedad de los sucesos o de las cosas. Ciertamente existen principios para una pintura analítica, el cubismo, por ejemplo, pero su analítica es exactamente tan sólo un principio de la depuración desde la forma: por este motivo la pintura no tiene que analizar porque no puede, aunque lo quisiera, le falta no sólo el concepto, le faltan los conceptos en general; por eso, todas las exigencias que le adjudican una concepción artística o una cierta ideología, cuando no algo de política, tienen un doble sentido: las exigencias provienen de un mundo de conceptos y no son capaces de palpar su libertad, una libertad que surge de la falta de conceptos en las artes plásticas y en la música.

Si hay ambigüedad en un cuadro, aunque sea en Anker, forma parte de la esencia de los cuadros ser ambiguos, y por eso insiste Falk en hacer visible la ambigüedad inmanente. No se le puede interpretar de distintas formas, lo que se puede decir de cada pintor, él también pinta ambiguo. Eso tiene que ver con lo que pinta, o sea, con lo elemental. Eso parece ser primeramente un contrasentido, en cuanto que lo elemental, tomémoslo simplemente así, se nos aparece como algo inequívoco.

Para ser más exactos: en tanto que él pinta lo elemental, polemiza con lo elemental. Falk no es nunca un pintor de cuadros:

la pintura para él no es nunca la reproducción o el arte de pintar cuadros bellos, sino que los cuadros son las superficies de su polémica con lo elemental.

Lo elemental es al mismo tiempo un interior y un exterior. Falk nos ha visitado. Ha venido con Yvonne. Ha traído dos cuadros, y yo, orgulloso de ser el poseedor, los coloco. Uno es de una absurda crueldad, casi sospecha; el otro de una erótica desenfrenada. Falk está de pie ante uno de sus viejos cuadros, hacía ya un tiempo que no lo veía: "Este rojo es completamente diferente", le dice a Yvonne, como si sólo hubiera venido para volver a ver ese rojo. "Las reproducciones no sirven para nada". Luego se planta delante de los cuadros de Varlin, cuya pintura ha seguido un camino diferente que pinta las cosas y las personas en su unicidad. Falk contempla los cuadros intensamente, los observa. Lo creativo es para él algo valioso, incluso lo opuesto a él. Está libre de cualquier envidia, tampoco critica, toma en serio lo que tiene éxito, descubre aspectos en Varlin que a mí no se me habían ocurrido nunca, detalles que no había visto nunca y que percibo ahora por primera vez.

Fuera hace un calor pegajoso, tropical, impropio fuera de los trópicos. Sirvo vino blanco, él se pasea con el vaso en la mano. Más tarde, en el bar, a la hora de comer, mientras fuera estalla una tormenta con rayos y truenos, Falk se pone a hablar de la isla de Stromboli[7]. La descripción de la vida en esta isla sin agua, la descripción de los habitantes, de los extranjeros, que predominan como en todas partes; los recuerdos en Falk tienen cada vez más fuerza, se fortalecen de la suya, una subida al cráter mientras entra en erupción; la lava, que se desliza espesa desde el centro de la Tierra; y a esto la descripción de la playa negra, los colores que adopta la arena según el estado del Sol: tonalidades de negro. Todo esto descrito no de manera impresionista, sino como un científico, poseso de su objeto. Mientras Falk cuenta, aparecen recuerdos de mi Stromboli, de mi juventud. Escuchando a Falk me encuentro, de nuevo, en el pueblo donde crecí, con doce años, una tarde de verano, domingo, arriba en el tilo, junto a la casa, sentado en una caja, en un nido improvisado que me había construido, y leyendo a Julio Verne: *Viaje al centro de la Tierra*, esta fantástica historia de una expedición hacia el centro del Snaeffels[8]. Leo compungido, los deberes no están hechos, mañana estaré de pie delante del odiado profesor de francés, culpable, la catástrofe será inevitable, a no ser que los deberes se hicieran, y que no los voy a hacer ya lo sé ahora. A pesar de todo soy feliz, atrapado por la descripción de una bajada interminable a través de pasadizos y gargantas en cuevas enormes y mares subterráneos, que se convierte también en volver a lo primitivamente animal, a lo primitivamente humano. Aparece un dinosaurio entre las olas, un Ichtiosaurio[9], aparecen ballenas de más de cien metros, en la orilla pastan enormes hombres primitivos, como rebaños de mamuts. Es como si uno bajara al subconsciente. La catástrofe al final y la aparición involuntaria de los tres exploradores desde el interior del volcán a Stromboli. Mientras aparecía este recuerdo, como sentimiento, como fondo de la narración de Falk, pero se me volvió a hacer presente la noche, recordando aquella en la que Falk me enseñó en Urdorf algunos cuadros de su Stromboli; fuera, a pesar del ocaso, los árboles aún brillaban, aún la ilusión de que uno estaba realmente en un pueblo primitivo. Me había enseñado sus cuadros londinenses, un enorme trabajo que le tomó toda la noche; y también a Yvonne, ya que los cuadros de gran formato se tenían que cambiar constantemente. Luego empezó a hablar de su camino hacia su "pintura metafórica" y recogió todo lo que le restaba de su época Stromboli: "cuadros abstractos", pero yo vi la lava, la arena negra, la terrible soledad, el centro de la Tierra, que baja rodando, sorprendido, cómo toma forma; y luego fueron cuadros pintados como en la pared de una cárcel, pegados, resquebrajados, la última posibilidad de la pintura. Lo interior y lo exterior se juntaban en estos cuadros, ambos en uno, lo no humano del centro de la Tierra, la soledad de lo individual.

Lo erótico. En ninguna parte se ve tan claro que lo elemental tiene al mismo tiempo un interior y un exterior como en lo erótico. No en vano se ha juntado en un ámbito abstracto tanto concepto vago alrededor de lo erótico, obsceno, lascivo, perverso, etc., incluso la ley no lo tiene claro, sin saber qué hacer al respecto, qué es en definitiva la pornografía y si existe en realidad. Sin embargo, de la misma manera que lo incierto se establece en lo erótico en un ámbito abstracto, también lo determinado y lo grotesco. El acto sexual es un doblete. Por dentro todo pasión, hasta lo máximo de la vida, y por fuera anatomía grotesca. Incluso al nacer: por dentro, de la mujer, del niño (probablemente) sólo miedo; por fuera todo surrealista, el forcejeo hacia fuera de una cabeza entre dos muslos, luego la huida de un ser humano de dentro de otro ser humano. Sólo la muerte no se ve afectada por lo grotesco, a no ser que sea como circunstancia externa. A través de la muerte el ser humano sale de la dialéctica entre lo interior y lo exterior. Ésta se convierte sólo en algo exterior, en un cadáver; si además hay algo interior, eso queda fuera de nuestro saber, es especulación. Volviendo a lo erótico: dentro de este ámbito, el ser humano experimenta en el interior todo lo que se refiere a la vida: pasión, dolor, miedo, sentimiento de una libertad desenfrenada, de una esclavitud sin límites. Se siente dentro de la pareja, su yo en el otro, en todos los otros, en cuanto que la pareja de repente se abre, primero sólo a la mujer, que es su igual, y más tarde se experimenta de nuevo la separación, al arrojarse al propio yo. Por fuera: un espectro vital igualmente amplio, un encontrarse a sí mismo, estrechamiento, penetración de cuerpos, parecido a la ira exterior, en la lucha cuerpo a cuerpo, ser humano contra ser humano, animal contra animal, para luego separarse y quedar solo.

De esta manera Falk se diferencia en su manera de pintar de Corinth, una mujer, desnuda, echada en una cama revuelta: aquí se muestra un estadio de lo erótico. Falk por el contrario pinta procesos, escenas inextricables, difícilmente determinables, ambiguas más bien, porque todo lo unívoco es disponer y capturar. Falk despierta asociaciones en el observador; la dialéctica entre lo interior y lo exterior no se sorprende por el cuadro, sino que despierta en él.

Tiempo. Puesto que la pintura no es capaz de representar el tiempo sin equivocarse, se tiende a justificar la relación con lo intemporal, que encontramos en muchos, digamos que en la mayoría de los pintores. Lo intemporal estaba primero en lo religioso, más tarde en el ser humano. A los reyes se les pintaba de tal manera que parecieran reyes; en la naturaleza, en las abstracciones en último término: en el reino de la formas puras lo intemporal es infinitamente variable. Con precaución podemos determinar lo intemporal como lo estético. Muchas de nuestras suposiciones reflexivas con las que operamos se fundamentan estéticamente sin nosotros saberlo. La pintura estética ha aumentado, se ha vuelto tan intemporal que en la mayoría de los pintores el tiempo en que vivieron no se deja reconstruir en absoluto partiendo de sus cuadros, aun cuando utilizáramos el término "tiempo" con un doble significado. Si esta pintura estética es capaz de ser así de asombrosa, igual de poderosa se documenta no la época, sino el espíritu de la época, uno procede a capturar la época en sí. En esta tendencia encontramos en las artes plásticas a Tinguely, por ejemplo, construyendo máquinas inútiles como protesta a un mundo de máquinas inútiles, excediéndose; o Luginbühl, que construye monstruos de máquinas y así un monstruo puede confrontarse con otro; Varlin, que ya no sigue pintando, sino que "retrata", no lejos de la época, sino en ella; que pinta Montreux no como la ciudad al lado del lago, rodeada de montañas, sino como una ciudad que echa a perder el lago y las montañas: las montañas y el lago están al lado de la ciudad y no al revés. La proximidad de lo grotesco se aprecia por todas partes, pero también la de la caricatura que resulta secundaria ante aquéllas, que se rigen por lo puramente pictórico, intemporal al fin. Esta revolución en el arte, este movimiento de lo intemporal hacia la época se constata también en Falk. Que el arte no realza lo intemporal, sino que lo vuelve a encontrar en tanto que lo abandona, da importancia a su dialéctica. El arte no se determina tanto por sus resultados, por los motivos que toma o por los estilos con los que el arte lleva a cabo sus motivos, sino por la relación dialéctica que domina entre el pintor y su motivo.

Hojeando en los *Diarios* de Falk: éste parte de lo observado; en sus dibujos se ve claramente el camino que conduce a su pintura, dibujos no como esbozos, sino como el primer paso de unos cuadros, pero ya como dibujos en sí importantes. Una vez me contó que se llevaba obreros, mujeres de la limpieza, parados, etc., a su estudio; dibuja pues todo aquello que el televisor en su estudio de Nueva York le muestra, como el Watergate, por ejemplo, cuanto más desconcertante mejor, porque yo observé del mismo modo el Watergate en un hospital de Nueva York, al parecer sin intuirlo, cerca de Falk, veinte miserables kilómetros, la puerta de mi habitación siempre abierta del todo, uno se siente como en un pabellón, un griterío, de vez en cuando una excitación febril en el pasillo, pasos apresurados, de vez en cuando un quejido solitario, el ruido ligeramente penetrante, no se puede pensar en leer, el único punto en el que uno se concentra, el televisor, por medio del cual tenemos el Watergate: Dean, Haldeman, Ehrlichman, los senadores, las mismas caras a través del mismo medio, que se vuelve a recuperar en los libros de esbozos de Falk. En los diarios recortes de periódicos, repentinas máximas de pensamiento, aparentemente inesperadas, descripciones de cuadros, los colores se reúnen, una polémica constante con lo establecido, con lo próximo, con el entorno, en una época en la que todo repentinamente se puede convertir en lo próximo, en aquello que nos amenaza directamente.

Lo elemental como confrontación con la época: los términos aquí utilizados de lo elemental y lo intemporal, interpretados como opuestos, no tienen una base especialmente filosófica, lo sé. Son más bien asociativos con el modo de pensar de Falk, rescatados como términos de apoyo. A lo elemental llegué por Urdorf, de ahí pasando por Stromboli hasta las ciudades primitivas de Londres y Nueva York. Me llamó la atención lo mucho que Falk busca los lugares en donde es visible lo elemental, los lugares primitivos, para permanecer en la asociación, pero también lo mucho que se solapan dichos lugares, que uno atraviesa al otro. En un paisaje industrial caldeado en una larga paz trabajadora de pequeñas y medianas empresas suizas, el pueblo hundido, como pueblo aún por adivinar, caricaturizado por sí mismo, el pueblo como mundo perdido, como nombre, es algo ficticio, aún no una ciudad, aún limpio, aún no se ve la suciedad en los gases que tiene encima, aún no hay acentos. Quien piensa en los suburbios, piensa también en el subinfierno, y de esta manera Urdorf tampoco es el lugar de trabajo para Falk, sino el punto de partida de los viajes al infierno, del descenso al centro de la Tierra como con el Julio Verne, del Snaeffels hacia el centro de la Tierra y, por último, Londres y Nueva York, donde las calles parecen echar humo, recuerdos que hacen pensar en Stromboli, la isla volcánica, y cuando en la puesta de sol flotan vaharadas entre los rascacielos, se presenta Manhattan como paisaje primitivo.

Escenarios todos que seducirían a cualquiera hacia lo intemporal. Falk se enfrentó habitando en ellos con la época, como cuando en Stromboli se enfrentó solo a sí mismo; tuvo que enfrentarse, la isla, el aislamiento, le obligaron a ello, el siempre cercano volcán, el presente permanente de la posible catástrofe que él recuperó en las ciudades universales, el deseo aún más acuciante, el vértigo, el delirio, la soledad, la porquería, el sudor, la basura, la delincuencia; un oleaje de cuerpos y cosas, por culpa de la basura y la decadencia se resquebrajan los depósitos de hormigón, la pintura de Falk desgarra los cuadros, le tiene preso. Ante todo lo demás, ante el ser humano y sus vestigios, no es posible una huida de vuelta hacia uno mismo. Este mundo es apto para soportar, para resistirse con los cuadros. Con esto, con esta época que se descompone en cuanto se enfrenta con esta anarquía que es más fuerte que nuestros ideales pedantes y sociales y nuestras utopías creídas y anheladas; con todo esto tenemos que vivir, nosotros, ¡tanto si uno busca salir de una época o meterse en ella! Ella, sin embargo, mete dentro a cualquiera, a todos. Urdorf, Stromboli, Londres están en todas partes: un idilio de Urdorf malogrado deja que todo luzca débilmente, mudo; esquemas que se mueven tras gruesos cristales que quedarán vacíos, permitiendo reconocer solamente el dibujo del papel pintado, despojos en silencio.

Notas

[1] Población del cantón suizo de Zúrich.
[2] En alemán, *Urschweiz*. Juego de palabras que se repite a lo largo de este ensayo. En alemán el prefijo ur- significa primitivo, de origen. Debido a que el pueblo donde reside Falk es Urdorf, en español pueblo primitivo, Dürrenmatt aprovecha dicho nombre como punto de partida para el mencionado juego de palabras.
[3] En alemán, *Urbild*.
[4] En el texto original el autor vuelve a realizar un juego de palabras entre *Freude*, alegría, y *Freude*nhaus, burdel.
[5] En alemán, *Urdorf*.
[6] Calle muy conocida de Nueva York.
[7] Isla volcánica en Italia.
[8] Volcán en Islandia.
[9] Perteneciente al género de los vertebrados, de la clase de los reptiles.

34
COMENTARIO PERSONAL A MIS CUADROS Y DIBUJOS
(1978)

MIS DIBUJOS no son trabajos complementarios a mis obras literarias, sino que son los campos de batalla dibujados y pintados donde se llevan a cabo mis luchas de creación literaria, aventuras, experimentos y derrotas. Una reflexión de la que no he sido consciente hasta después de hojear este libro, aun cuando en mi juventud tan sólo dibujé y fue más tarde cuando escribí. Fui siempre un dibujante. Sin embargo, la *Crucifixión I*, es mi primer dibujo que a posteriori fui capaz de aceptar, por la sencilla razón de que no soy un dibujante de composiciones, sino un dibujante "dramático". No me preocupo de la belleza de la ilustración, sino de su perspectiva. Para citar sólo un ejemplo del "gran" arte: el *David* de Miguel Ángel es una desmesura, un coloso de 5,5 m de altura, cuando Goliat, según la Biblia, medía solamente 2,9 m, pero el *David* tiene una belleza plástica importante porque Miguel Ángel lo capta en el momento "dramático" en que se convierte en "estatua". Es el instante en que David toma en serio a Goliat y medita sobre cómo lo podría vencer: ¿hacia dónde tengo que lanzar la piedra? En este momento el ser humano se aferra a la tranquilidad absoluta de la reflexión y la contemplación. Se convierte de manera dramática en plástica. Algo parecido se puede decir del *Moisés* de Miguel Ángel. Se le representa en el instante, en que realiza lo que supo por Yahvé, que el pueblo baila alrededor del vellocino de oro. Aún se sorprende, se va gestando la ira en él, aún tiene las tablas de la ley en la mano, pero en unos instantes saltará y las romperá para acabar ordenando la muerte de 3.000 hombres de su pueblo: esto es pensamiento dramático en la plástica. De ahí que lo dramático se hiciera en mis "crucifixiones" la siguiente pregunta: ¿cómo le doy forma *hoy en día* a una crucifixión? La cruz se ha convertido en un símbolo y con ello se utiliza como adorno, por ejemplo, en el pecho de las mujeres. La creencia de que la cruz fue en su día un instrumento de tortura ha desaparecido. En mi primera *Crucifixión* intento mediante el baile alrededor de la cruz convertir a la cruz otra vez en cruz, en objeto del escándalo que representó ya en su día. En la segunda *Crucifixión* se sustituye la cruz por un instrumento de tortura más horripilante, la rueda, y además no sólo una, sino muchas personas, pasan por la rueda, una mujer embarazada decapitada de cuyo cuerpo abierto cuelga un niño. El cadalso todo lleno de ratas que se encaraman a él. En la tercera *Crucifixión* aparece un judío gordo crucificado sin brazos al que le suben las ratas por el cuerpo. No por "amor a lo espantoso" surgieron estas láminas, numerosos seres humanos han muerto de manera incomparablemente terrible a como lo hizo Jesús de Nazaret. No debiera resultarnos escandaloso el Dios crucificado, sino el ser humano crucificado. Sin embargo, la muerte parece no ser capaz, siendo así de cruel, de ser tan terrible para un dios como para un ser humano: el dios resucitará. De este modo, hoy en día ya no es la cruz, sino la resurrección, el escándalo del cristianismo y de ahí puede entenderse la lámina *Resurrección* aparecida en 1978. No es un dios radiante, sino una momia que resucita sin testigos. Aquí existe un paralelismo con mi creación: en *El meteoro* el escándalo consiste en que un ser humano muere una y otra vez y resucita otras tantas. No es capaz, porque experimenta el milagro en su propio cuerpo, de creérselo. Es diferente que en *Los ángeles:* en 1952 me aventuré, yo, un escritor sin dinero, con una casa en Neuenburg. Fueron tiempos difíciles. Quién quería prestar dinero a un escritor por aquel entonces. El seguro de vida llamado "Pax", en cuyas manos quedó la hipoteca, se enemistó conmigo. Sin embargo, pudimos instalarnos en la casa. Ayudó quien podía ayudar. Por aquel entonces surgieron mis dos aguadas *Los astrónomos* y *Pareja borracha de enamorados* en una técnica que no había vuelto a utilizar desde 1978 *(El mundo de los Atlas).* Pintaba de noche y un buen día, a las dos de la madrugada, me visitó un murciélago, un animalito encantador, al que llamé Matilde. Un día fui injusto y cerré la ventana con la intención de apresar a Matilde. Cuando lo hube cogido, se lo enseñé a los niños y les conté que era un ángel ratón y le devolví la libertad. Él se sintió tan ofendido que no volvió a dejarse ver. Desde entonces el motivo "ángel" no me ha abandonado. No por burla, sino por arrogancia. La venganza de Matilde: dibujé numerosos ángeles humanos, incluso querubines ovíparos, con soltura, como si fueran caricaturas. Mi sentido del humor me sedujo. Este factor, el mío principal, no hay que infravalorarlo; surte efecto en todas partes. Una y otra vez llegaba a la conclusión de que los ángeles eran en verdad seres que dan miedo, criaturas con las cuales Matilde se comporta como un lagarto con un Tyrannosaurus-Rex. Me empezó a interesar dramáticamente cómo se le podría dar entonces forma a un ángel en nuestros días. No existen apenas ángeles que me iluminen, quizás tan sólo los ángeles que dan patadas, pegan y muestran su ira en *El Apocalipsis* de Durero. Así que intenté representar ángeles de manera dramática, los dos *Ángeles de la muerte* y *El ángel* en el que trabajé durante tiempo. Incluso los ángeles son algo terrible. Elisabeth Brock-Sulzer escribió en relación a mis dibujos a pluma "con una técnica anterior de raspado de Dürrenmatt", y en mis dibujos posteriores, por ejemplo, en un dibujo de trazo rápido sobre naturaleza con bolígrafo, quiso ver una "liberación"; y en esto tampoco puedo estar de acuerdo con ella. Aquellos dibujos no son dramáticos, sino convencionales. Cualquier pintor los haría mejor. Fueron un capricho, un mero ejercicio a mi parecer, al igual que estuve semanas enteras confeccionando *collages* o que hago caricaturas constantemente. La técnica que desarrollé en mis dibujos a pluma representa lo que de continuidad gráfica hay en mí. Aquí poseo experiencia, se permite demostrar un progreso. Personalmente prefiero la pintura. La pintura, sin embargo, me aparta de mi trabajo, mientras que mis dibujos a pluma surgen de mi escritorio, los aguatintas naturalmente también. De ahí que la serie *Minotauro* naciera deprisa; trabajaba en ella a menudo de madrugada, después de una ajetreada noche con la escritura. El primer "autorretrato" se pintó sobre las cinco de la mañana: me retraté mirándome en el espejo que utilizo para afeitarme. En un dibujo a pluma trabajo, por el contrario, una media de quince días. Vuelvo a muchos de ellos para revisarlos. Dramáticas y no blasfemas son las escenas del "Papa". Es un poco escandaloso que alguien sostenga que es el representante de Cristo en la Tierra, infalible, etc. Me acuerdo de un debate televisivo sobre "El representante". Hochhuth fue denostado por un sacerdote al preguntarle si él entonces no se avergonzaba de herir con su representante a millones de creyentes para los cuales el Papa es algo sagrado. Se tendría que haber preguntado al sacerdote si entonces no se avergonzaría de que el Papa se crea con el derecho de herir a aquellos que no crean en él. Yo no creo en él. El cristianismo, que no se reconoce como escándalo, ya no tiene ninguna legitimación. El Papa es el símbolo de lo teológico y con ello de poseer la razón, de la fe, de estar en posesión de la verdad. Quien posee esta fe, discute. Por eso hay tantos Papas –religiosos y políticos–, y por eso las discusiones entre ellos no acaban nunca; continuamente la verdad ante la verdad, hasta el último Papa encima del mamut de su poder en la noche del período glacial de la humanidad y desaparece en ésta *(El último Papa)*. Sobre los dibujos de la Torre: lo dramático para mí era representar la altura de la Torre. La Torre de Babel se ha representado a menudo. Pienso en los cuadros de Bruegel. Pero la Torre siempre me resultaba demasiado pequeña. No era la Torre por antonomasia. En mis dibujos se puede apreciar claramente la curvatura de la Tierra; en relación con ella la Torre en el primer dibujo *Torre* tiene una altura de 9.000 km. La "Nube" que hay más abajo: polvo cósmico, que cubre la Tierra. Al fondo el Sol, tal como aparece, cuando el ámbito de las líneas de hidrógeno nos ciega los ojos. Me ocupo de la astronomía desde mi infancia en el pueblo. Más tarde apareció la física en mi pensamiento y hoy en día me divierto con una de sus partes, la cosmología. Aquí la modernidad sobrepasa los presocráticos. De ahí que todos los dibujos de la *Torre* muestren la inutilidad de la empresa de querer construir una torre que llegue hasta el cielo y, con ello, el absurdo atrevimiento humano por antonomasia. La Torre de Babel es el símbolo del orgullo desmesurado. Se viene abajo y junto con ella cae el mundo del ser humano. Lo único que le queda a la humanidad son sus ruinas. Los dibujos de la *Torre IV y V* muestran ese hundimiento: al mismo tiempo llega el final de la Tierra. La estrella que explota en la *Torre IV* es una supernova. Atrás queda un punto blanco, una estrella de neutrones, una estrella con un espesor infinito. Son galaxias visibles en diversos estadios de su desarrollo y desaparición e imaginables "agujeros negros" gigantescos. Indican estados finales de estrellas que pueden ser quizás el inicio de nuevos mundos. El motivo del fin del mundo está unido con el motivo de la muerte: todo ser humano que muere experimenta su fin del mundo. Que, igual que en mis obras, incluso en mis dibujos, el verdugo juegue un papel, no es de sorprender; lo sorprendente sería que éste faltara. El ser humano ha adoptado en nuestra época el rol de la vieja y buena guadaña. El ser humano como verdugo ya no es ningún compañero de la muerte, para lo que me viene a la cabeza de vez en cuando el pensamiento de Schopenhauer de que la vida del individuo hay que compararla con una ola del mar: desaparece, pero nacen nuevas olas. No puedo creer que yo algún día "no existiré más". Puedo imaginarme que "seré siempre alguien". Siempre algún otro. Siempre una nueva conciencia, que incluso pueda experimentar el fin del mundo algún día. De ahí que el fin del mundo esté siempre de actualidad. A este motivo le di vida en el escenario con el *Retrato de un planeta*. Concebí el texto como un ejercicio de actor, para con un mínimo de medios dramáticos expresar lo máximo posible. Antes del esbozo representé el motivo con una técnica mixta *(Retrato de un planeta II):* la fotografía de un hombre con una cabeza en cada mano apareció en la época de la Guerra del Vietnam en muchas revistas. Abajo a la izquierda hay una cápsula espacial calcinada, en la que perdieron la vida dos astronautas americanos. "El carnicero universal" es un personaje de la primera versión de la obra. Así pues, mi pensamiento a la hora de escribir, dibujar y pintar es un intento de encontrar personajes más válidos, formas finales gráficas. De esta manera me planté en el camino del motivo de Sísifo al motivo del Atlas. La primera aguada de *Sísifo* nació en el año 1946, al mismo tiempo que el *Pilatos*. Dejé la universidad y me propuse convertirme en pintor. Hubiera sido aventurado reconocer la creación literaria como mi meta. Ambos cuadros los pinté como coartada para demostrar a mis compañeros de curso que lo de la pintura iba en serio. Al mismo tiempo escribí el relato *Pilatos* y *El cuadro de Sísifo*. De este último sólo quiero remarcar que a mí ante todo me preocupaba la cuestión de qué es lo que obligaba a Sísifo a levantar a pulso la piedra una y otra vez. Tal vez es su venganza ante los dioses: él tan sólo evidencia la injusticia de éstos. Mientras en el caso de *Pilatos* no me abandonó la idea de que Pilatos sabía desde el primer instante que ante él hay un dios y está convencido desde un principio que este dios ha venido para matarle. Atlas, en cambio, es una figura mitológica, que justamente en nuestros días se vuelve a representar, paradójicamente, puesto que un ser humano que lleva a cuestas el firmamento parece contradecir nuestra visión del mundo. Pero si nos imaginamos el estadio inicial del mundo como una enorme bola compacta de la magnitud de la órbita de Neptuno (March) o como agujero negro, que conduce luego a la explosión que dio origen a todo; o si nos imaginamos el estadio final del mundo que se derrumba porque se ha vuelto demasiado pesado, nos viene de nuevo a la cabeza la visión de una bola de increíble peso, y en esa visión del mundo Atlas es mitológicamente posible, pero al mismo tiempo también como imagen final del ser humano que tiene que cargar con el mundo, el suyo. El hecho de que por aquel entonces con la época de algunos cuadros de Atlas naciera *El plazo* no es coincidencia, puesto que trata de dos personas en la situación de Atlas. El primero intenta cargar con el mundo; el segundo no desea cargar con él, pero, finalmente, tiene que seguir llevándolo. De acuerdo: la primera representación de Atlas nos devuelve al año 1958, *El falible Atlas*. Lo más importante en este cuadro del fin del mundo son los seres humanos. Llevan inscripciones: Atlas no tiene que fallar, a Atlas no se le permite fallar, no puede fallar... aquel que escriba que Atlas fallará será decapitado. Sucede la previsible catástrofe, aún peor, suceden catástrofes previsibles. Que algún día todo se vengará lo expresa el dibujo *Los ataúdes de cristal serán los martinetes*. Formulado dramáticamente: ocurre el peor giro posible. El hecho de que yo represente continuamente el peor giro posible no tiene nada que ver con el pesimismo, tampoco con una fijación. El peor giro posible es lo representable dramáticamente, es exactamente lo que sucede en el escenario, lo de la plástica del *David* convirtiéndose en estatua y lo que convierte a mis cuadros en cuadros dramáticos. Pasa igual en *La catástrofe*. El cuadro representa algo más que una racha de desgracia con una reacción final en cadena. Ahí arriba choca al unísono el Sol con algún otro cuerpo celeste. Seis minutos más tarde ya no existirá la Tierra. También aquí: el peor giro posible, el intento de describir, no una, sino *la* catástrofe. No el tema en sí, sino los cuadros son reproducibles. La última creación del motivo de Atlas, *El mundo de los Atlas,* forma parte de uno de mis cuadros preferidos. Nació de un capricho. Pegué dos láminas para aguadas de mi formato preferido (100 × 71) juntas en la pared de mi estudio. Quería hacer un esbozo rápido. Esto era en 1965. Desde entonces trabajo en este cuadro. Tendría que haberlo sabido. De ninguno de mis otros cuadros he hecho un boceto. Reproduce el estado que tenía el 10 de junio de 1978. Se ven atlas que juegan con bolas del mundo. Cuanto más pesado un mundo, más pequeño su estado final. Los atlas en primer plano entre sus bolas. De que la sensación de una aterrizaje nocturno en el aeropuerto de Nueva York tenga también importancia, como ya he mencionado, me di cuenta entonces por primera vez de cuán infernal tiene que ser vivir en una Tierra repleta de personas. Sobre mis retratos: nacieron deprisa, exceptuando los dos primeros. Estoy contento de que al menos con *Walter Mehring* me fue posible lograr un retrato pictórico, puesto que con la escritura aún no me ha sido posible. Este lírico grandilocuente no ha sobrevivido a sí mismo con sus últimos poemas, sino a nosotros. Otto Riggenbach *(Retrato de un psiquiatra)* está conversando con mi mujer. Es uno de nuestros amigos de Neuenburg que posee algunos de los Auberjonois más bellos. De la manera más espontánea nació el *Retrato de mi mujer,* en apenas diez minutos, en Ste. Maxime en la Costa Azul. Por aquel entonces éramos especialmente felices. Creíamos haber levantado una casa que cubría nuestras expectativas y cuya compra más adelante afortunadamente así nos lo reafirmó. Con el acaloramiento de la charla mi mujer no se dio cuenta de que la estaba retratando. En Ste. Maxime nació un poco antes el dibujo a pluma con autorretrato, *St. Tropez,* en 1958. La idea de que más allá del Mediterráneo se mataba y se torturaba me impresionó. Desgraciadamente el dibujo no ha perdido actualidad. Al actor *Leonard Steckel* lo pinté en 1965 de memoria. El retrato de *Varlin* lo dibujé el 22 de octubre de 1977. Fue el último día que pasé con él. Hablamos de pintura. Él dijo: "Lo triste en pintura: uno se planta ante un lienzo limpio, coge un pincel y lo echa a perder". Luego me dibujó, varias veces, más tarde las tachó. Un dibujo sí lo dio por bueno y me lo regaló. Luego dijo que quería dormir un rato y que debía dibujarlo. Cuando despertó quería ver el dibujo. Me preguntó si realmente tenía esa pinta. No respondí, y Varlin dijo entonces que no le quedaba mucho. El 30 de octubre murió.

El *Retrato de un hostelero* representa a mi amigo Hans Liechti, hostelero y coleccionista de cuadros en Zäziwill, a unos tres cuartos de hora a pie del pueblo donde nací. Me siento a escribir a menudo hasta altas horas de la noche con él; le cuento lo que escribo, y dibujo lo que se podía dibujar. No sé si pintaría o escribiría sin él. Su asombro por la pintura surte un efecto productivo. Su retrato nació en una tarde de domingo. Él había cocinado, su taberna está a rebosar al mediodía; además habían venido unos parientes y por la noche tenía un banquete en el salón del piso de arriba. Vino en ropa de trabajo a mi estudio para descansar un poco. No más de una hora después me dejó para situarse detrás del fogón y acabé el cuadro. A las diez de la noche le llamé diciéndole que debía venir.

Vino aún con su indumentaria de trabajo y le satisfice. Mis últimos dibujos a pluma son igualmente retratos: el *Dios encolerizado* –¿quién no percibe su cólera?– (acabé el dibujo a pluma de Liechti con un cuchillo de cocina). *Mazdak* fue el fundador de una secta comunista. Aproximadamente en el año 530 d. C. unos 3.000 de sus seguidores fueron empalados boca abajo por el gran rey persa, y con ello se plantaron sus ideas en la tierra. Se puede matar a un ser humano, pero su idea vive más allá. El bebé, que la leprosa y loca *Ofelia* trae al mundo, no será leproso ni estará loco. Los buitres castran al cosaco a caballo *Mazeppa*. Él sigue viviendo en los poemas. *Cronos castrando a Urano*: tan sólo así fue posible que el tiempo empezara su dominio; la representación mitológica de la explosión que dio origen a todo. Con los *Laberintos* tomo un motivo que literariamente también me fascina. Lo traté primeramente en el cuento *La ciudad* y lo trato ahora en el relato *La guerra de invierno en el Tíbet*. Al laberinto pertenece también el *Minotauro*. Éste es una monstruosidad, y como tal es el cuadro de lo individual, de lo rarísimo. Lo individual está ante un mundo que para él es impenetrable. El laberinto es el mundo visto por el minotauro. Las láminas del *Minotauro* muestran pues a un minotauro sin la experiencia del prójimo, del Tú. Él sólo sabe violar y matar. No muere por medio de Teseo, acaba como una res. Teseo no es capaz de seguirle el rastro. El asesinato del minotauro es una leyenda. De la figura del minotauro ha nacido como asociación

El toro del universo en otra técnica ligeramente diferente porque el papel no permitía otra. El toro universal es el símbolo de la locura homicida del monstruo, que llamamos historia universal. La lámina *Las dos bestias* representa una paráfrasis al maniqueísmo que hoy en día ha vuelto a aparecer, con la fe, la historia universal es una lucha entre dos principios: uno bueno y otro malo. Ambos saurios, que en un segundo plano se muerden el uno al otro, son torpes los dos. Naturalmente existen láminas que no son dramáticas, asociaciones a motivos literarios, por ejemplo, *Huida I* y *Huida II* que creé antaño en *El túnel* o en *La trampa*. *La lucha de los dos ancianos* muestra que el odio sigue crispando incluso cuando ha perdido su motivación. Yo nunca aprendí a dibujar o a pintar. Aún no sé cómo se pinta al óleo. A la única persona que le pregunté cómo se pintaba con óleo fue a Anna Keel. Y ella me respondió: "Coge petróleo". Los óleos los pinté todos en 1966. El hecho de que pintara mis cuadros de *Banco* con óleo y gasolina no representa ninguna crítica a la banca suiza. Al contrario, ya que me permito acabarla bondadosamente *(Última reunión general de la entidad bancaria confederada)*, se me debería aumentar el crédito en nuestros bancos tal como yo esperaba, especialmente ahora que lo necesito más que nunca; sin embargo, así lo leo en el *Brückenbauer*, para la crítica no existo literariamente. Desde entonces volví a las aguadas. Precisamente mis cuadros de *Banco* dejan claro que las razones de mis dibujos y pinturas no son sólo las reflexiones dramáticas. Mis cuadros de *Banco* son el eco de mi comedia *Franco V*, la ópera de un banco privado. Una pieza teatral cuya realización escenográfica nunca triunfó. Tengo una edición revisada en mi escritorio. Pero también la *Torre de Babel* o las láminas *El preso Narses* y *Los santos bizantinos* con motivos bizantinos vuelven a una obra destruida o a un fragmento. El dibujo como acción suplente. Sin embargo, existen también otras relaciones entre mis creaciones literarias y gráficas. Aquella representación, en cuyos medios siempre se presupone un segundo plano que consta de sensaciones, cuadros y pensamientos. Este panorama ya no es general hoy en día; a no ser que uno se comprometa con la izquierda, sea católico o ambas cosas a la vez. El escritor actual, y también el pintor de hoy, buscan por lo general inconscientemente una idea, algo universal. He rechazado desde siempre dejarme llevar por un denominador común. Por ese motivo forzosamente sólo soy inteligible para unos pocos. Sobre las premisas de mi creación literaria, y también mis cuadros, que están en mi pensamiento, que fundamentalmente es un conocimiento teórico; y a mi sentido del humor que es en sí subjetivo, no llega uno por sí solo. Por eso no se me toma en serio, porque si no además se tendría que pensar. Soy un solitario conscientemente. No pertenezco a la vanguardia. Hoy en día quien forma parte de ella tiene que formar en una tropa. Así son pues mis asociaciones, sobre las cuales se edifican mis cuadros, resultados de mi propia aventura de pensamiento y no de método general de pensamiento. No pinto cuadros surrealistas –el surrealismo es una ideología–; pinto cuadros comprensibles para mí: pinto para mí. Por eso no soy pintor. Yo me encaro a la época, pero a nuestra época uno no le hace frente sólo con la palabra. El pensamiento en conceptos, los métodos de las matemáticas, la necesaria abstracción del pensamiento científico no se pueden representar de manera abstracta en las artes plásticas. No hay nada más abstracto que una fórmula. Ésta es la máxima abstracción posible, $E = mc^2$, por ejemplo. Las matemáticas tienen un poder de abstracción que no se puede percibir, que irremediablemente va más allá de lo perceptible. Es imposible no representar abstractamente la teoría de la relatividad, a menos que se represente en metáforas de los sentidos. No obstante, no son formas geométricas o estereométricas, sino mitos: nuestros mitos. El factible Atlas. Quizás mis primeros dibujos se vieron influenciados por El Bosco, los cuadros grotescos del principio *(El jinete apocalíptico, El mundo como teatro),* antes de convertirme en escritor. Pero yo no busco el simbolismo que encontró El Bosco. Lo que busco, tanto en mi pintura como en mi oficio de escribir, son los cuadros y las metáforas que en la época de la ciencia son aún posibles, una época que logra algo que a la filosofía se le negó: describir la realidad de forma abstracta. Cuando necesitamos cuatro o *n* dimensiones, nos son necesarias porque los hechos no se dejan describir de otra manera. No tenemos la posibilidad de simplificar esos contextos y realidades altamente complejos. La física nuclear no es representable de manera popular. Tiene que pensarse si quiere entenderse. No hay viaje de vuelta a lo sencillo. Lo que por su naturaleza no es perceptible, sólo puede ser representado mediante metáforas. Por eso el arte abstracto, allí donde existe, es poético en el mejor de los casos, la belleza de las formas. Es una forma pura y con ello puramente estética. Nunca la pintura había sido más estética que en nuestros días. Todo lo que lleva a cabo como su significado solamente se afirma, no se integra. Presentar la pintura como "expresión intelectual" es un disparate. Lo digo constantemente: no soy ningún pintor. Técnicamente pinto como un niño, pero no pienso como un niño. Pinto por la misma razón por la que escribo: porque pienso. La pintura como un arte de hacer "cuadros bellos" no me interesa, tampoco el arte de hacer "teatro bello". No podría dedicarme profesionalmente a la pintura por la sencilla razón de que me pasaría la mayor parte del tiempo sin saber qué pintar. Soy un diletante gráfico. Cuando era estudiante vivía en Berna en una habitación que había pintado yo mismo. Sobre la cama había una grotesca crucifixión; al lado, escenas de mi de mi primera y nunca representada obra, de la que aún existe un dibujo, uno de los primeros. Así pues, mi pintura y mis dibujos son un complemento a mi creación literaria, para todo aquello que sólo puedo expresar con imágenes. De ahí pues que exista poca cosa puramente "ilustrativa" de mí. Incluso cuando escribo no parto de un problema, sino de cuadros, porque lo originario siempre ha sido la imagen, la situación, el mundo. Además sigo estando sorprendido por la locura de Daniel Keel de publicar este libro y aún perplejo de que Manuel Gasser, al que la pintura tiene tanto que agradecerle, no haya escrito el prólogo y, tengo que confesarlo, me siento orgulloso de que sobre mi pintura y mis dibujos no haya proferido ninguna palabrota.

35
KRONENHALLE[1]

1.

Me siento en pocos lugares como en casa

En la casa sobre el mar

Al otro lado de la luna

En el escenario del teatro
Rodeado de columnas

Y en el Kronenhalle
En el reino de Mama Zumsteg

La sopa de albóndigas de hígado humea
Aldo llega con el coche puesto en marcha
Y yo pienso en una aparición de la Giehse

2.

Por las tardes entre tres y cuatro
  A la mesa
Entre los cristales

Como detrás de polvo argénteo duerme el gato
  En el banco en la esquina
Ningún huésped osa molestarlo

Por un tranvía azul a veces
  Se mueven los visillos

Misteriosamente en el mismo cristal reflejados
  Aparecen también
Mi cara y el lejano mostrador

Pasa
  El segundo plano por delante del primero.

Nota

[1] Local que frecuentaba Friedrich Dürrenmatt.

36
TENTATIVAS SOBRE MANUEL GASSER
(1979)

A LA TERCERA va la vencida. Que su padre y mi madre provienen del Gürbetal[1], que el hermano de su abuelo y mi abuelo eran antípodas en el bonito pueblo de Herzogenbuchsee[2], uno como médico liberal, el otro político rural improvisador; que nosotros dos, siempre por diferentes razones, nos pusimos en contacto en el devoto seminario de maestros Muristalden, que entre sus antepasados se encuentran muchos párrocos, y como yo soy hijo y padre de un párroco todo en uno, todo esto devorado a lo bernés, que nos deja seguir maquinando y comprobando en el claro infinito, él no se siente precisamente reconfortado. Los dos primeros ensayos los llevé a cabo en un libro de visitantes en Neuchâtel, incapacitado en ambos por el formato: malogrado por completo el primero, logré el segundo a medias. Dibujando es como uno llega a conocer mejor a una persona. Manuel Gasser no es solamente un personaje eminente, posee además una eminente cabeza. Lo que ahí se construyó, descubierto por mi lápiz, fue algo rústico, tranquilizador en sí mismo, una cabeza completamente poderosa, a la que solamente le influía la amplia pincelada del viejo Hodler, que de manera fatal se propaga por el árbol genealógico de los Gasser. Pero este personaje, a pesar de su arquitectura, no expresa poder, sino humanidad, esto es, una gran bondad y una tímida sensibilidad. Para ser capaz de esto, se necesita quizás la terquedad que ayudó a esta cabeza a determinar: aquí veo claro por primera vez por qué mi tercer intento de retratar a Manuel Gasser se muestra más difícil que mis dos bocetos, de los que Manuel Gasser no tiene la culpa. Cuando, según Varlin, Anna Indermaur le debió gritar a éste: "pinta, Willy, no pienses", así Manuel Gasser prescindió de sermonearme de una manera recriminatoria: "piensa, no dibujes". No obstante, es muy difícil cumplir con esta paradójica reprimenda. La palabra es más inexacta que el trazo y, según Lessing, cuando la descripción no es la tarea del escritor, así tiene ésta que quedar en la representación de una trama, y lo que sería la trama de una personalidad diferente de su efecto. Éste se deja describir con palabras. En el caso de nuestro jubilado: en una época que se mueve convulsivamente hacia lo no convencional, y por eso se aferra cada vez más a lo convencional, él provoca un efecto, uno de los pocos realmente no convencionales, de manera bondadosamente convencional; él no sigue nunca una moda, se atreve a sostener puntos de vista, que a excepción de él casi nadie se atreve a sostener, con aquella suelta naturalidad, que tan sólo le es propia a quien sabe que la época transforma todo lo nuevo en viejo y todo lo viejo en nuevo; un saber con el que ni el ciudadano ni el anticiudadano están familiarizados, para finalmente utilizar clichés: uno tiene esperanza en la inalterabilidad y el otro en la transformación; uno está encadenado al presente, el otro repta hacia el futuro. Vivir con la época es la sabiduría de los campesinos. A mí me inquietan muchísimo las frases que de repente llego a escribir, solamente porque soy bernés y escribo sobre otro bernés.

Para concluir, con pocos trazos impacientes como en mis dos anteriores intentos, para aquí subrayar algo, allá suavizar algo más, etc.: el amor por el arte de Manuel Gasser es un arte del amor: él lo contempla no como un crítico, sino como un amante. Constantemente sorprendido de lo que el ser humano puede llegar aún a engendrar, la alegría que esto le pueda suponer es más importante que la pregunta de los dialécticos del arte sobre si el espíritu de la época que han inventado se siente confirmado o atacado. Lo que convence en Manuel Gasser es su capacidad, tras lo avanzadamente secundario de las teorías de arte, de descubrir lo verdadero, apartar los escombros, detrás de los que hoy en día muchos se agazapan por miedo a estar pasados de moda. Sin él, el descubridor precoz y alentador, muchos no se habrían atrevido a realizar el salto desde la protección de lo que dicta la época, sin el que no existe creación posible, hacia la libertad de lo que sólo dictan ellos.

Notas

[1] Región de Suiza.
[2] Población holandesa al lado de un lago.

37
ENSAYO SOBRE TOMI UNGERER...
(1979)

PRIMERO LO OBVIO: cualquiera está a merced de los influjos. Ungerer es sin aquel dibujante de nuestra época al que considero más importante que Picasso, Saul Steinberg, difícil de imaginar. No es que tuviera nada en contra de Picasso, exceptuando que su arraigo a la época me irritaba. Esto impidió que me sintiera coetáneo suyo: él fue siempre para mí más un suceso histórico artístico que no estético. Por dicha razón también Rubens me pone de los nervios. Éste se hizo católico para ser el pintor de la Contrarreforma, con ello fue contemporáneo de Galileo y Descartes, no les dio nunca la espalda, siempre corrió por delante de ambos. Es cierto que el caso de Picasso era más delicado. Éste se vio inmerso en un siglo teórico artístico, que inventó el estilo, o mejor dicho, los estilos, en el que un estilo se desarrolla a partir de otro, cada vez más rápido, y pronto los últimos posibles estarán pintados con pincel, pintados, pegados, atomizados, agujereados y aserrados. Un ordenador los podía haber diseñado. De esta manera no fue Picasso un contemporáneo, sino un compañero de estilo, el más rebelde, pero su *Guernica* no surge de ningún aguafuerte de los *Desastres* de Goya. Ambos representan la guerra de manera desigualmente terrible. La guerra no se deja estilizar, y por lo que se refiere a la paloma de la paz de Picasso, de la misma manera que se ha convertido en un símbolo igual de grotesco que la hoz y el martillo, así es la paz hoy en día, nada menos que la continuación de la guerra con medios aún más temibles. Que admire a Rubens y a Picasso como pintores y que me quite el sombrero ante ellos, aunque no lleve ninguno, no es relevante. A Saul Steinberg no lo admiro, no tengo tiempo para ello. Convivo con experimentos de dibujo que atrapan nuestra época. No hay asombro entre contemporáneos, solo compasión: estamos metidos en el mismo atolladero. Igual que Ungerer. Es cierto que al contemplar sus nuevos dibujos pensé enseguida en Daumier, que murió hace cien años, en 1879. Ni más ni menos que en el terrible Daumier. En el caso de Ungerer soy pues precavido. Él no imita a nadie, pero utiliza a muchos. Por ejemplo a Ludwig Richter para la ilustración de *El Gran Libro de Canciones* y el de *Heidi*. Muchas ilustraciones que sólo aparentemente podrían provenir de Richter, podrían ser de Daumier, que caricaturizaba a Richter. Ungerer sabe que uno no sólo puede despabilar a través de la vida, sino también a través del dibujo; por este motivo trabaja con material de hace cien años. Ludwig Richter murió en 1884 en una situación financiera acomodada. Al contrario que su contemporáneo francés, minimizó el mundo de tal manera que, a posteriori, una época que Daumier y Richter crearon al unísono, se nos antoja demasiado improbable. Sin embargo, ha existido de la misma manera que existe un Ungerer, que es su propio contemporáneo opuesto. Vale la pena investigar el fenómeno. Hagamos primero una parada en Daumier y Richter. Daumier el francés, coincidió en sus primeros años con la época de esplendor de Napoleón con su resultado más funesto: Europa se convertía en nacionalista. Daumier tenía 7 años cuando la Segunda Paz de París provocó la ruptura del Imperio. Veinte años, cuando Goya, el último gran pintor, murió en Burdeos. Con 23 años Daumier empieza a ser conocido. Sobrevivió a sus contemporáneos Corot, Courbet, Delacroix, Ingres, los escritores Balzac, Stendhal, Baudelaire. No hace falta mencionar lo que ocurrió políticamente durante su tiempo: la Restauración, la monarquía de julio, el segundo Imperio, con los desesperados levantamientos del pueblo engañado de por medio hasta que en 1870 se llegó a la catástrofe. Bismarck cambió el despacho de Ems, uno de los logros estilísticos más memorables, Metz, Sedan, la Commune, la III República. En 1879 Daumier murió ciego en su casa en la Oise[1], que le había dejado al pobre pintor su amigo Corot. La época del expresionismo ya empieza a despuntar: en 1883 muere Manet. Daumier captó a las personas de su época: sus caricaturas son las máscaras que salen a la luz cuando a las personas se les caen las máscaras. Cuanto mayor se hizo, más amargo se volvió, más fácil que su estilo; como pintor no disminuyó su importancia, es verdad que quizá más importante como dibujante se acercó a Goya. Un caso único dentro de la pintura francesa. Las mil caricaturas que hizo tienden hacia dos personajes, Don Quijote y Sancho Panza. Ante él Ludwig Richter, un alemán nacido en 1803, cinco años antes que Daumier. En 1804 murió Kant; en 1807 se desmoronó Prusia; Fichte pronunció sus *Discursos a la nación alemana*; a todo esto, después de la Guerra de la Independencia, la agonía insoportable alrededor del "Estado alemán", la ebullición del arroz fértil, del que surgen ideas como volcanes, el Romanticismo, el *yo* dialéctico de Fichte, el sistema dialéctico de la metafísica hegeliana, cuya inversión dialéctica a un materialismo metafísico a través de Marx, de por medio el rebelde Stirner, *Lo único y su propiedad,* el primer libro filosófico que leí, no sé cuándo; entre tanto murió Goethe, Büchner revolucionó el drama, más tarde el auge de Prusia; la industrialización, el imperio pruso-alemán, Wotan[2] llega a los escenarios, Parsifal, la Redención del Mesías, etc., casi inimaginable que Nietzsche cuatro años después de la muerte de Richter acabó *El Anticristo* y sus *Ditirambos de Dioniso,* para más tarde abrazar a un caballo en Turín, antes de caer en manos de su beata hermana. Asociaciones, ciertamente, pero Ungerer también trabaja así. ¡Contemporaneidad! Si alguno no fue contemporáneo a su tiempo, ése fue Richter, y si alguno lo fue, ése fue Daumier.

Tomi Ungerer nació alsaciano, en Estrasburgo, en 1931, en una ciudad libre que el 28 de septiembre de 1681 había sido anexionada a Francia por Luis XIV, el rey sol, en medio de la paz. En el verano de 1938, cuando Tomi tenía siete años y yo diecisiete, fui en bicicleta a Estrasburgo durante las vacaciones para aprender francés. Pedaleé hasta más allá de Basilea, asustado en la frontera, era toda una aventura abandonar Suiza, y después de dos horas caí en la cuenta de haber pasado con mucho la frontera.

Yo no sabía nada de Tomi ni él nada de mí. Quizá nos cruzamos; pero como no nos conocíamos, no nos reconocimos, por este motivo no sé nada de su juventud. En general, sé poco de él. Y el material que me envía la editorial lo dejo a un lado premeditadamente, escribo mejor siendo un ignorante. Cuando le conocí personalmente, él era el resultado de sí mismo: nada más a clasificar, sólo a adivinar; por ejemplo, que su mujer me cayó mal, parecía como si él la hubiera pintado pero sensiblemente más bella. Cuando él tenía siete años y yo me encontraba en Estrasburgo, no era ésta la ciudad idónea para enseñarme francés. Demasiados estrasburgueses esperaban que se les devolviera de nuevo la nacionalidad. Yo vivía con la familia de un párroco en las cercanías de una fábrica inutilizada y un campo de fútbol. Era un verano caluroso. Estaba sentado desnudo envuelto en sudor en una buhardilla e intentaba escribir un diario. No se me ocurría nada. Moscas gordas y negras volaban y me subían por todos lados. Al otro lado del Rin quedaba el nuevo imperio alemán de los próximos mil años; se incubaba la desgracia, miembros de las SS le miraban a uno de arriba abajo, también de negro, calaveras en sus gorras, que también le miraban a uno, alrededor de Estrasburgo quedó el viejo imperio romano de la nación alemana con mil años de pasado. En Sesenheim intenté hacerme entender en francés. Los de Sesenheim entendían menos francés que yo. Sólo entendían la lengua de Goethe, pronunciada a lo alsaciano. Aquí también estaba todo repleto de moscas gordas y negras. Y ahora me doy cuenta de que Sesenheim por aquel entonces parecía como si la hubiera pintado Ludwig Richter, sólo salvó las moscas. A lo largo de mi ruta en bicicleta pasé por pueblos que nada sabían de la Paz de Westfalia; tampoco sabían que había habido una Guerra de los Treinta Años. Con mi viaje allí me había extraviado en el pasado. Un año antes había pedaleado por todo el sur de Alemania y llegué hasta Weimar, Eisenach, Frankfurt, nunca había visto pueblos más alemanes en la Alsacia aún no alemana. Posiblemente Tomi Ungerer permaneció alguna vez en alguno de estos pueblos. Desde alguno de estos nidos recuerdo todavía que me persiguió una cigüeña después de haber cruzado el pueblo con mi bicicleta. Quizá me vio sentado sobre la primera bici que veía en su vida, de manera que me imaginó un ser mítico. Un año más tarde llegó la guerra. Obra de arte: después del año 1938 tenía que seguir el 1939, y con ello se cernió la noche final sobre aquel infinito ocaso divino que Daumier caricaturizó y que Richter había convertido en alsaciano, un idiota y mundial baño de sangre entre todos aquellos que habían perdido la Primera Guerra Mundial, de los cuales algunos pensaban que con el resultado la habían ganado, como lo experimenta aquella mujer con el álbum de fotos que debo introducir aquí: de su regazo brota una rata: todo nuestro contemporáneo. Ungerer tenía 8 años cuando llegó la rata, 13 años cuando la rata se había enzarzado con las ratas que se mordían entre sí para convertirse en la rata reina. Esta vez tan sólo había vencedores cuando amaneció: ratas. El segundo mundo de Ungerer, aquel de su *Fornicon* (ratas en un aparato para investigar su sexualidad), aquel de su *Babilonia* (ratas cautivas en un laberinto que construyó un científico loco para observar cómo se emparejan, se atacan, se devoran entre ellas, hasta que la diñan por mutaciones, degeneraciones y perversiones). Cuadros como desechos radiactivos, caricaturas de un mundo, que se caricaturiza a sí mismo; caricaturas al cuadrado, caricaturas. Jeroglíficos del terror: "¡Y mira! ¡Y mira! En la pared blanca aparece como la mano de una persona; y escribía y escribía en la pared blanca letras de fuego, y escribía y desaparecía". Lo que el profeta Daniel indicaba al rey de Babilonia, cuyo futuro nos indica Ungerer: nuestro futuro. Éste aparece en sus apuntes: "Mene, mene tekel upharsin! (¡Contado, contado, pesado, demasiado ligero, devuelto a los persas!"). Pero no sólo a ellos, que nos interceptan el aceite, peor aún, a todas las personas sin compasión como lo era Jehová. Ciertamente, un libro irreverente, terrible como cualquier Apocalipsis. Precisamente desde estas malas visiones hay que entender al Ungerer del *Libro de Canciones* y de *Heidi*: desde el fondo del mundo cerrado de la irrealidad, de blanco como la pared del castillo real de Baltasar, antes de aparecer la mano; desde aquel Sesenheim a todos los Sesenheim donde Friederike mira a Goethe igual que Heidi a Alm-Öhi, hasta que se encuentra de nuevo en nuestro descompuesto mundo con un niño Contergan[3] a sus espaldas, hasta que el Geißenpeter[4] de Heidi remoje la alambrada, la oxidada valla de espinas en la que nosotros, adormilados sobre el principio de la esperanza, dormimos un sueño como la bella durmiente, pero del que ningún príncipe, sino una prostituta de 7 años nos despierta con un beso, desnuda bajo su abrigo abierto. La zorra de Babilonia de nuestra época, puesto que Babilonia está en todas partes, pero Sesenheim en ninguna parte. La totalidad de nuestro mundo consta tan sólo como bola pulida encima del pedestal del salón, se pega como un cuadrado rojo, azul o blanco enmarcado en nuestro papel pintado. En verdad, el mismo presidente alemán de la república ha abandonado "al cuñado metido en el coche amarillo". ¿Quién tiene ahí el valor suficiente para seguir cantando? Y nuestro por aquel entonces presidente suizo no habría podido apenas, con motivo de la visita del cantarín presidente alemán, estando conscientemente los dos hombres de Estado uno al lado del otro, acercar así los pueblos el uno al otro, emulando a Rilke en el lago de Thun (tal como el invitado, sorprendido ante tanta cultura del consejo federal, explicaba más tarde en el banquete, yo estaba justo delante): "Caen las hojas, caen como lejanas, como si lejanos jardines se marchitaran allende los cielos", si el poema se hubiera llamado *Seveso* en lugar de *Otoño*.

¡Pobre profeta Tomi Ungerer! Evoquemos de nuevo a Goethe, que mejor se hubiera quedado en Alsacia en lugar de estropearse en su patio de musas de Weimar: "Ruido, cuñado, coge el cuerno, que resuene el trote, que el orco piense que un príncipe se acerca y de ahí abajo se aireen de sus asientos los poderosos". Para representar un mundo que ya existe, el nuestro, Ungerer tenía que representar un mundo que ya casi existía, en su Alsacia precisamente, y en el que durante mucho tiempo se creyó que había existido de verdad, una de las razones es el hecho de que existe el mundo, que existe: Babilonia. El valor para mirar las páginas siguientes, tienes tú, querido lector y simpatizante del arte, que encontrarlo. Incluso tú eres un coetáneo, ya sé que no hace gracia. Posiblemente acabes siendo un enemigo del arte. Conviértete. Hoy en día el arte tiene sin duda demasiados amigos falsos. Pero la época, de la que uno se muere de risa, no es una época perdida. Uno quizá llega a la conclusión de que reflexionar es una ocupación que nosotros como coetáneos de la nuestra y de la otras ratas[5] de este planeta necesitamos amargamente, tan sólo si nos desacostumbramos a pensar con aquella parte del cuerpo con la que aquel simpatizante de arte piensa, la que representó Ungerer en su dibujo *Après moi le déluge*[6], y con la que los poderosos en el orco, cuando Tomi Ungerer venga, se aireen.

    Neuenburg, 24 horas y 26 minutos después de la caída del Skylab sobre Australia.

Notas

[1] Departamento francés.
[2] Personaje de la mitología germánica, de la leyenda de los nibelungos.
[3] Nombre del somnífero compuesto por la talidomida.
[4] Pez pequeño propio de la orilla de un río.
[5] El autor de este prólogo tiene una muy buena opinión de las ratas. Según Konrad Lorenz se comportan como cristianos primitivos. Solamente

cuando aparecen otras ratas se vuelven malas. Me sabe profundamente mal tener que certificar que los seres humanos, desde que desaparecieron los cristianos primitivos, se han comportado mal entre ellos: disculpémonos ante las ratas por ser seres humanos. *Homo homini rattus inimicus:* el ser humano es una rata enemiga para el ser humano.

6 En castellano, Después de mí el diluvio.

Parte IV

Apéndices

DOCUMENTACIÓN

La literatura crítica, así como el propio Dürrenmatt, proporcionan datos a menudo contradictorios de cada uno de los textos. La siguiente documentación de la historia de las publicaciones, así como de la documentación de los textos, se basa en los documentos del legado y archivo de Dürrenmatt en el *Schweizerisches Literaturarchiv* en Berna. Los datos dudosos o erróneos de los textos se han corregido en corchetes en los lugares correspondientes en el texto y se comentan brevemente en la documentación. La sucesión de los textos, que Dürrenmatt no aporta del todo cronológicamente, se ha dejado intacta.

Desde el principio. 1957. Prefacio para el disco *Hércules y el establo de Augías*, leído por el autor. Compañía Deutsche Gramophon 1957. También en: *Tratados de teatro y discursos*. Editorial Verlag der Arche. Zúrich 1966 [a continuación citado como *TR*].

Documento. 1965 [el manuscrito se tituló *Tenerife 1963;* una estancia de vacaciones, no obstante, no se puede situar hasta enero de 1964; ver también al respecto las documentaciones de los volúmenes 28 (*Laberinto*. Texto I-III) y 29 (*La torre*. Texto IV-IX) de esta edición].
Mares. Edición en 29 volúmenes de 1980 [a continuación citado como *WA 1980*], volumen 26.
Volumen de poemas. Fumando un puro al mediodía. 1950. *WA 1980*, volumen 26.
Acotaciones a Poemas y documentos *de Else Lasker-Schüler*. 1951. *TR*.
Ejercicios de dedos en nuestros días. 1952. *TR*.
Poemas preferidos. 1953. *Ebrio de poemas*, publicado por Georg Gerster. Editorial Verlag der Arche. Zúrich 1953. También en *TR*.
La tercera noche de Walpurgis. 1953. *Die Weltwoche*. Zúrich, 3 de marzo de 1953. También en *TR*.
Stiller. *Novela de Max Frisch. Fragmento de una crítica*. 1954 [1955, según Max Frisch/Friedrich Dürrenmatt, *Correspondencia*. Editorial Diogenes Verlag. Zúrich, 1998]. *TR*.
La creación literaria como profesión. 1956 [1965] Conferencia en el Radiostudio de Berna, el 25 de abril de 1956, modificado en parte en 1965. También en *TR*.
Del sentido de la poesía en nuestra época. 1956 [1966]. Conferencia pronunciada con el título *Del sentido de la poesía en la era de las imágenes* en el congreso de la academia evangelista para radio y televisión con el tema "La palabra en la era de las imágenes" del 20 de septiembre de 1956 en Bad Boll. *Anuario del trabajo radiofónico cristiano*. Múnich, 1958. Ligeramente cambiado en *TR*.
Sobre Walter Mehring. 1956. *Die Weltwoche*. Zúrich, 18 de mayo de 1956. También en *TR*.
¿Hay algún texto específicamente suizo que tuviera que llevarse a la pantalla? Respuesta a una encuesta. 1957. *Die Weltwoche*. Zúrich, 18 de enero de 1957.
Sobre escribir. Discurso para una lectura en Múnich. 1959. *WA 1980*.

Friedrich Schiller. 1959. Dicurso en la celebración del 200 aniversario del nacimiento de Friedrich Schiller el 9 de noviembre, pronunciado en el Nationaltheater de Mannheim en honor a la concesión del Premio Schiller el 9 de noviembre de 1959. Única edición *Friedrich Schiller. Un discurso* de la editorial Verlag der Arche. Zúrich, 1960. (Los pequeños libros del arca 303.) También en *TR*.
Análisis de la película El milagro de Malaquías. 1959 [según la fecha del manuscrito, 1960]. *TR*.
El resto es agradecimiento. 1960. Discurso pronunciado en el Schaupielhaus de Zúrich con motivo de la concesión del gran premio de la Fundación Suiza de Schiller el 4 de diciembre de 1960. Werner Weber/Friedrich Dürrenmatt, *El resto es agradecimiento*. Editorial Verlag der Arche. Zúrich, 1961. También en *TR*.
Sobre Balzac. 1960. *Die Weltwoche*. Zúrich, 12 de diciembre de 1960.
Velada de autores en el teatro Schauspielhaus de Zúrich. 1961. Discurso del 25 de junio de 1961. *TR*.
Visión personal sobre la lengua. 1967. *Gazette Littéraire*. Lausana, 26 de agosto de 1967, y *Die Weltwoche*. Zúrich, 10 de noviembre de 1967. También en: *Dramático y crítico. Tratados de teatro y discursos II*. Editorial Verlag der Arche. Zúrich, 1972 [a continuación citado como *D*].
¿Es el cine una escuela para escritores? 1968. *Die Weltwoche*. Zúrich, 12 de enero de 1968 [1967/1968. En la *Weltwoche* del 3 de noviembre de 1967 Alexander Seiler, en su artículo "Realidad como posibilidad", había citado la disertación de Günter Herburger "Clima cinematográfico", aparecido en *Cine* en octubre de 1967, y criticaba a Dürrenmatt. Diversos esbozos entre diciembre de 1967 y enero de 1968, uno titulado "Intento de una crítica para reflexionar"]. También en *D*.
Discurso desde una cama encima del escenario. 1969. En honor a la concesión del premio Doctor Honoris causa de Temple University de Filadelfia en 1969. *Sonntags Journal*. Zúrich, 29 y 30 de noviembre de 1969. También en *D*.

A posteriori. 1971. Prólogo para *D*.
Arte. 1947/48. *TR*.
A los tapices de Angers. 1951. *Du*. Zúrich, mayo de 1951. También en *TR*.
Sobre Ronald Searle. 1952. Prólogo para: Ronald Searle, *Porque la lamparita aún está encendida*. Editorial Diogenes Verlag. Zúrich, 1952. También en *TR*.
Prefacio para la obra de Paul Flora Crespones de luto. 1958. Paul Flora, *Crespones de luto*. Editorial Diogenes Verlag. Zúrich, 1958.
Prólogo para el libro de Bernhard Wicki Dos gramos de luz. 1960. Editorial Interbooks. Zúrich, 1960. También en *TR*.
Sobre Rosalie de Constant. 1961. *La Suisse,* Lausana. Edición de año nuevo de 1961. También en *TR*.
Varlin calla. Discurso para la concesión del premio Arte de Zúrich a Varlin el 19 de abril de 1967. Die Weltwoche. Zúrich, 15 de diciembre de 1967. También en *D*.
Varlin. 1969. Hugo Loetscher, Varlin. *El pintor y su obra. Una monografía*. Editorial Verlag der Arche. Zúrich, 1969. También en *D*.
Para Varlin [probablemente en los años sesenta] *WA 1980*, volumen 26.
Notas a Hans Falk. 1975. Prefacio para: Fritz Billeter, *Hans Falk*. Editorial ABC-Verlag. Zúrich, 1975. También en: *Libro de lectura de Friedrich Dürrenmatt*. Editorial Verlarg der Arche. Zúrich, 1978.
Comentario personal a mis cuadros y dibujos. 1978 [anotado por Jürg Altwegg después de conversaciones con Friedrich Dürrenmatt, creado para el Oeuvrekatalog para la exposición "Friedrich Dürrenmatt, ilustraciones y dibujos" de 1978 en la galería Daniel Keel, Zúrich]. *Ilustraciones y dibujos*, escogido por Christian Strich. Editorial Diogenes Verlag. Zúrich, 1978.
Kronenhalle [probablemente alrededor de 1960]. *WA 1980*, volumen 26.

Tentativas sobre Manuel Gasser. 1979. 70 años de Manuel Gasser. Homenaje para el 70. Aniversario de Manuel Gasser. Editorial Conzett + Huber. Zúrich, 1979.
Ensayo sobre Tomi Ungerer, en el cual se hablará de Tomi Ungerer, sobre todo con la intención de no temerle. 1979. Prólogo para: Tomi Ungerer, Babilonia. Editorial Diogenes. Zúrich, 1979.

ÍNDICE DE NOMBRES Y OBRAS

El orden de los títulos de las obras es alfabético acorde con la primera palabra (sin tener en cuenta el artículo). Los títulos en cursiva determinan textos; los títulos entre comillas hacen referencia a obras de las artes plásticas, de la música o el cine.

Los textos cuya autoría no se especifica entre paréntesis pertenecen a FD. Con un * en los títulos de FD se expresa que restan inacabados (no publicados en vida del autor), o son textos o recopilaciones de textos que fueron publicados más tarde con otro título. No se han incluido los anuarios y los homenajes así como las versiones para la pequeña pantalla, ni tampoco nombres y títulos que, a pesar de ser reales, son nombrados por el autor en un contexto de ficción.

Por el contrario, en el índice aparecen nombres y títulos que aunque no se mencionan literalmente en las correspondientes páginas señaladas sí son manifiestamente identificables.

Las anotaciones erróneas de nombres de personas se han corregido sin previo aviso y unificado sin perjuicio de la fonética. En caso de notables discordancias o de nombres o títulos totalmente falsos no se ha dispuesto una corrección sino que se ha dispuesto una referencia sin ningún comentario en el índice.

A la dramaturgia de Suiza, 133
A la teoría de los colores (Tratado naturalista de Johann Wolfgang von Goethe), 63
A los tapices de Angers, 139
A posteriori, 131
Acotaciones a Poesías y documentos *de Else Lasker-Schüler",* 29
Aeschbacher, Hans (1906-1980): escultor suizo, 157
Aguas residuales. Un dictamen (Novela de Hugo Loetscher), 156
Agustín (Aurelius Agustinus, 354-430 d. C.): teólogo y Padre de la Iglesia, 47
Al Maelström, véase *Descenso al Maelström*
Altwegg, Jürg (*1951): periodista suizo, 218
Amiet, Cuno (1868-1961): pintor y gráfico suizo, 14
Análisis de la película El milagro de Malaquías, 95
"Ángel de la muerte I" (Dibujo a la aguada, perfilado con pincel, de FD), 189
"Ángel de la muerte II" (Dibujo a la aguada, perfilado con pincel, de FD), 189
"Ángel" (Dibujo a pluma de FD), 189
"Ángel", *véase también* "Ángel de la muerte"
Anker, Albert (1831-1910): pintor suizo, 178
Antígona (Tragedia de Sófocles), 77
Antonioni, Michelangelo (*1912): director italiano de cine, 125
"Après moi le deluge" (Dibujo a lápiz de Tomi Ungerer), 211
Aristófanes (445-385 a. C.): escritor griego de comedias, 128
Arte, 137
Arturo Arónimo y sus padres (Obra de teatro de Else Lasker-Schüler), 29
"Atlas" *véase* "El mundo de los Atlas"
Auberjonois, René (1872-1957): pintor suizo, 194
"Autorretrato en calzoncillos" (Pintura de Varlin), 155
"Autorretrato I, a las 5 de la madrugada" (Dibujo a la aguada, perfilado a pincel, de FD), 190

"Babilonia" (Colección de dibujos a lápiz de Tomi Ungerer), 209
Bachmann, Ingeborg (1926-1973): escritora austríaca, 107, 110
Baltasar (539 d. C.): rey de Babilonia, 210
Balzac, Honoré de (1799-1850): escritor francés, 45, 105, 207
"Banco", *véase* "El entierro del banquero" y "Última reunión general de la entidad bancaria"
Baudelaire, Charles (1821-1867): poeta, crítico de arte y ensayista francés, 207
Benn, Gottfried (1886-1956): escritor y médico alemán, 42
Bichsel, Peter (*1935): escritor suizo, 113, 156
Billeter, Fritz (*1929): redactor cultural, crítico de arte y escritor, 218
Bismarck, Otto, Príncipe de (1815-1898): prusiano, primer ministro (1862-1890) y canciller alemán (1871-1890), 207
"Blow Up" (filme inglés de Miguel Ángel Antonioni), 125
Bosco, Jerónimo (Hieronymus van Aken, aprox. 1450-1516): pintor holandés, 140
Brecht, Bertold (1898-1956): escritor alemán, 78, 80, 87, 92
Brion, Friederike (1752-1813): amor de juventud de Johann Wolfgang von Goethe, 210
Brock, Erich (1889-1976), 125
Brock-Sulzer, Elisabeth (1903-1981): crítica y editora suiza, 189
Bruegel, Pieter (El Viejo) (aprox. 1525/30-1569: pintor holandés, 190
Büchner, Georg (1813-1837): escritor y médico alemán, 207
Cancionero, véase *El gran Cancionero*
"Candilejas" (Película americana de Charles Chaplin), 48
Caníbales en el tren, véase *Canibalismo en el ferrocarril*
Canibalismo en el ferrocarril (Relato de Mark Twain), 129
"Cartas sobre los principios de la Botánica" (de Jean-Jacques Rousseau), 152
Cervantes Saavedra, Miguel de (1547-1616): escritor español, 129
Cézanne, Paul (1839-1906): pintor francés, 164
Chaplin, Charles Spencer (1889-1977): actor, director de cine, compositor y escritor inglés, 48

Clima cinematográfico (Artículo de Günter Herburger), 217
Comentario personal a mis cuadros y dibujos, 187
Constant, Charles de (1762-1835): comerciante suizo, 151
Constant, Rosalie de (1758-1835): herbolaria suiza, 151-153
Construcción de la Torre. Textos IV-IX, 216
Corinth, Lovis (1858-1925): pintor y gráfico alemán, 181
Corot, Camille (1796-1875): pintor y gráfico francés, 206, 207
Correspondencia (entre Max Frisch y FD), 216
Courbet, Gustave (1819-1877): pintor francés, 206
Crespones de luto (Volumen de recopilación con dibujos a pluma de Paul Flora), 218
"Cronos castrando a Urano", *véase* "La castración de Urano"
"Crucifixión I" (Dibujo a pluma de FD), 188
"Crucifixión II" (Dibujo a pluma de FD), 188
"Crucifixión III" (Dibujo a pluma de FD), 188
Dante Alighieri (1265-1321): poeta italiano, 34
Daumier, Honoré (1808-1879): pintor, dibujante y escultor francés, 206
"David" (Escultura de Miguel Ángel Buonarroti), 187
David: Rey de Judea e Israel (aprox. 1004/3-965/4 a. C.), 20, 29
Dean, John Wesley, III. (*1938): funcionario, consejero presidencial americano (1970-73), 183
Del sentido de la poesía en la era de las imágenes (Título de la conferencia de FD, que después pasó a titularse *Del sentido de la poesía en nuestra época*, 216
Del sentido de la poesía en nuestra época, 61
Delacroix, Eugène (1798-1863): pintor francés, 206
"Desastres de la guerra" (Aguafuertes de Francisco Goya), 205
Descartes, René (1596-1650): filósofo, matemático y naturalista francés, 205
Descenso al Maelström (Relato de Edgar Allan Poe), 218
Desde el principio, 13
Diggelmann, Walter Mathias (1927-1979): escritor, periodista y dramaturgo suizo, 156
"Dios encolerizado" (Dibujo a la pluma de FD), 195

Discursos a la nación alemana (De Johann Gottlieb Fichte), 207
Discurso desde una cama encima del escenario, 127
Ditirambos de Dioniso (Ciclo poético de Friedrich Nietzsche), 207
"Doce Papas interpretando la Biblia" (Dibujo a pluma de FD), 190
Documento, 15
Don Quijote de la Mancha (Novela de Miguel de Cervantes Saavedra), 45, 46, 129
Dos gramos de luz (De Bernhard Wicki), 145
Dramático y crítico. Tratados de teatro y discursos II (Recopilación), 134, 217
Durero, Alberto (1471-1528): pintor, gráfico y escritor de arte alemán, 140, 189
Dürrenmatt, Barbara (*1949): asistenta social, primera hija de FD, 113, 189
Dürrenmatt, Hulda (de soltera Zimmermann, 1886-1975): madre de FD, 13, 18, 201
Dürrenmatt, Lotti (de soltera Geissler, 1919-1983): actriz suiza, primera esposa de FD, 113, 164, 171, 194
Dürrenmatt, Peter (*1947): cura protestante; hijo de FD, 113, 189, 201
Dürrenmatt, Reinhold (1881-1965): cura protestante; padre de FD, 13, 18, 201
Dürrenmatt, Ruth (*1951): cantante, gráfica y pintora, segunda hija de FD, 113, 189
Dürrenmatt, Ulrich (1849-1908): periodista y político suizo, abuelo de FD, 13
Dürrenmatt, Verena "Vroni" (*1924): asistenta social; hermana de FD, 14
Ebrio de poemas (Antología publicada por Georg Gerster), 216
Ehrlichmann, John Daniel: colaborador de Richard Nixon, 183
Einstein, Albert (1879-1955): físico alemán, 63
Ejercicios de dedos en nuestros días, 33
"Ejército de Salvación o La alegría del espíritu" (Pintura de Varlin), 168, 171

"El anillo de los Nibelungos" (Ópera en cuatro partes de Richard Wagner), 20
El Anticristo (Disertación filosófico-religiosa de Friedrich Nietzsche), 207
"El Apocalipsis" (Retablo de Alberto Durero), 140, 189
El banquete (Diálogo de Paltón), 61
"El carnicero universal", véase "Retrato de un planeta I"
El contrato social, véase Sobre el contrato social...
El cuadro de Sísifo, 192
El derecho a la vida de Israel, 132
"El entierro del banquero (Franco V)" (Óleo de FD), 196
"El falible Atlas", véase "Atlas I"
El gran Libro de Canciones (Recopilación de canciones populares e infantiles alemanas), 206, 210
"El gran Libro de Canciones", ilustrado por Tomi Ungerer, 206
"El jinete apocalíptico" (Dibujo a pluma de FD), 197
"El meteoro", 188
"El milagro de Malaquías" (Filme alemán de Bernhard Wicki), 95
"El milagro de Milán" (Filme italiano de Vittorio de Sica), 95
"El mundo como teatro" (Dibujo a pluma de FD), 197
"El mundo de los Atlas" (Aguada de FD), 189, 193
"El nacimiento del minotauro" (Dibujo a la aguada, perfilado a pincel, de FD), 190, 195
El país de los hebreos (Volumen de prosa de Else Lasker-Schüler), 29
El plazo, 193
"El preso Narses (Estudio de la comedia inacabada Emperador y eunuco)" (Dibujo a pluma de FD), 196
El toro del universo (Dibujo a plumilla de FD), 196
El representante (Tragedia de Rolf Hochhuth), 190
El resto es agradecimiento (De Werner Weber y FD), 217
"El resto es agradecimiento", 101
"El túnel", 196
"El último Papa" (Dibujo a pluma de FD), 190
Enrique IV (1050-1106): rey alemán (1056-1106), emperador de romanos (1084-1106), 73

Ensayo sobre Tomi Ungerer, en el cual se hablará también de Tomi Ungerer, sobre todo con la intención de no temerle, 205
Enzensberger, Hans Magnus (*1929): escritor y editor alemán, 107, 110
¿Es el cine una escuela para escritores?, 117
Falk, Hans (*1918): pintor, gráfico e ilustrador suizo, 173-184
Falk, Yvonne (942-1997): maniquí suiza, esposa de Hans Falk, 177, 179, 180
Fausto (Tragedia de Johann Wolfgang von Goethe), 35
Fausto II (Tragedia de Johann Wolfgang von Goethe. Segunda parte), 37
Fichte, Johann Gottlieb (1762-1814): filósofo alemán, 207
Fischer, Heinrich: editor, 43
Flora, Paul (*1922): gráfico y dibujante austríaco, 143
"Fornicon" (Volumen de dibujos de Tomi Ungerer), 209
Förster-Nietszche, Elisabeth (1846-1935): hermana y apoderada del legado de Friedrich Nietzsche, 207
Franco V, 196
Friederike, *véase* Brion, Friederike
Friedrich Schiller, 79
Frisch, Max (1911-1991): escritor y arquitecto suizo, 113, 156
Galilei, Galileo (1564-1642): matemático, filósofo y físico italiano, 205
Ganghofer, Ludwig (1855-1920): escritor y dramaturgo alemán, 163
Gasser, Manuel (1909-1979): periodista, crítico de arte y publicista suizo, 162, 198, 201-203
George, Stefan (1868-1933): poeta alemán, 111
Gerster, Georg (*1928): fotógrafo y periodista suizo, 216
Giehse, Therese (1898-1975): actriz alemana, 199
Ginsberg, Ernst (1904-1964): actor, director, escritor y editor alemán, 31
Goethe, Johann Wolfgang von (1749-1832): escritor y erudito alemán, 31, 36, 63, 81, 93, 153, 207, 208, 210, 211
Gotthelf, Jeremias (Albert Bitzius, 1797-1854): cura reformista y escritor suizo, 13, 56

Goya y Lucientes, Francisco José (1746-1828): pintor, grabador y litógrafo español, 167, 206, 207
Grass, Günter (*1927): escritor, escultor y pintor alemán, 107, 110
Gribi, Fritz: profesor y escritor suizo, 16
Grillparzer, Franz: (1791-1872): escritor austríaco, 91
"Guernica" (Pintura de Pablo Picasso), 205
Guggenheim, Franca (de soltera Giovaneli, *1928): empleada de hotel suiza, de origen italiano, esposa de Varlin, 164
Guillermo Tell (Obra de teatro de Friedrich von Schiller), 79
Haldeman, Harry Robert: colaborador de Richard Nixon, 183
Hamlet (Tragedia de William Shakespeare), 83
Hans Falk (Monografía de Fritz Billeter), 218
Hauptmann, Gerhart (1862-1946): escritor alemán, 31
¿Hay algún texto específicamente suizo que tuviera que llevarse a la pantalla de cine? Respuesta a una encuesta, 71
Hebbel, Friedrich (1813-1863): escritor alemán, 91
Hegel, Georg Wilhelm Friedrich (1770-1831): filósofo alemán, 92
Heidegger, Martin (1889-1976): filósofo alemán, 63
Heidi (Historia para niños de Johanna Spyri, ilustrada por Tomi Ungerer), 206, 210
Heisenberg, Werner (1901-1976): físico alemán, 63
Herburger, Günter (*1932): escritor alemán, 117-126, 217
Herder, Johann Gottfried von (1744-1803): escritor alemán, 81
Hesse, Hermann (1877-1962): escritor alemán, 45
Hitler, Adolf (1889-1945), 41, 142
Hochhuth, Rolf: (*1931): escritor alemán, 164
Hodler, Ferdinand (1853-1918): pintor suizo, 201
Homero (año 8 a. C.): poeta griego, 105, 129
Honegger, Arthur (1892-1955): compositor francés de origen suizo, 162
"Huida I" (Dibujo a pluma de FD), 196
"Huida II" (Dibujo a pluma de FD), 196
Humboldt, Wilhelm Freiherr von (1767-1835): erudito y político alemán, 81

"Hypnotic Mirror" (Pintura de Hans Falk), 177
Indermaur, Anna (1894-1980): pintora, escultora y gerente suiza de un cine, 202
Ingres, Jean Auguste Dominique (1780-1867): pintor y dibujante francés, 206
Intento de una crítica para reflexionar * (Título del trabajo *¿Es el cine una escuela para escritores?*), 217
Ionesco, Eugène (1912-1994): dramaturgo francés de origen rumano, 74
Israel, véase *El derecho a la vida de Israel*
Jesús de Nazaret, 188
Jonathan (aprox. 1000 a.C.): hijo de Saúl y amigo de su cuñado David, 29
Kant, Immanuel (1724-1804): filósofo alemán, 92, 207
Keel, Anna (*1940): pintora suiza de origen alemán, 196
Keel, Daniel (*1930): editor suizo (Editorial Diogenes Verlag), 198
Keller, Gottfried (1819-1890): escritor y escribiente oficial suizo en Zúrich, 56
Kepmner, Friederike (1836-1904): escritora alemana, 87
Kierkegaard y lo trágico * (Disertación planificada por FD), 127
Kierkegaard, Soren (1813-1855): filósofo y teólogo danés, 47, 169
Kraus, Karl (1874 1936): escritor y publicista austríaco, 30, 31, 41
Krolow, Karl (*1915): escritor alemán, 107
Kronenhalle, 199
La caída del mundo a través de la magia negra (Recopilación de trabajos publicistas de Karl Kraus), 41
"La castración de Urano" (Aguada de FD), 195
"La catástrofe" (Óleo con aguada de FD), 193
La ciudad, 195
"La construcción de la Torre I" (Dibujo a pluma de FD), 190-191
"La construcción de la Torre II" (Aguada de FD), 190-191
"La construcción de la Torre III: la construcción americana de la Torre" (Dibujo a pluma de FD), 190-191

"La construcción de la Torre IV: Antes de la caída" (Dibujo a pluma de FD), 190-191

"La construcción de la Torre V: Después de la caída" (Dibujo a pluma de FD), 190-191

"La construcción de la Torre VI: Intento de una reconstrucción" (Dibujo a pluma de FD), 190-191

La creación literaria como profesión, 55

"La guerra de invierno en el Tíbet" [Textos I], 195

"La lucha de los dos ancianos" (Pintura a la pluma de FD), 196

"La lucha de los tres Papas" (Pintura a la pluma de FD), 190

La montaña mágica (Novela de Thomas Mann), 46

La tercera noche de Walpurgis (Artículo crítico de Karl Kraus), 41-43

La tercera noche de Walpurgis, 41

"La Torre de Babel", *véase* "La construcción de la Torre I" hasta "La construcción de la Torre VI", 196

La trampa, 196

"Laberinto I: El deshonrado minotauro" (Aguada de FD), 195

"Laberinto II: El acobardado minotauro" (Aguada de FD), 195

"Laberinto III" (Aguada de FD), 195

Laberinto. Textos I-III, 216

"Laberintos", *véase* "Laberinto I", "Laberinto II", "Laberinto III", 195

Laocoonte o sobre los límites de la pintura y la poesía (Tratado artístico-teórico de Gotthold Ephraim Lessing), 119

Las mil y una noches (Recopilación árabe de cuentos), 105

"Las dos bestias" (Dibujo a pluma de FD), 196

Lasker-Schüler, Else (1869-1945): poetisa alemana, 29-31

Lenin (Wladimir Ilijitsch Uljanow, 1870-1924): político revolucionario ruso, 126

"Lenin en Polonia" (Filme), 124

"Leonard Steckel como 'Meteoro'" (Aguada de FD), 194

"Leprosa Ofelia, embarazada" (Dibujo a pluma de FD), 195

Lessing, Gotthold Ephraim (1729-1781): escritor alemán, 81, 119

Libro de Lectura de Friedrich Dürrenmatt, 218

Lichtenberg, Georg Christoph (1742-1799): físico y escritor alemán, 81
Liechti, Hans (*1924): hostelero, propietario de una galería de arte suizo, 194, 195
Lo trágico en Kierkegaard, véase Kierkegaard y lo trágico
Lo único y su propiedad (Análisis teórico filosófico y social de Max Stirner), 207
Loetscher, Hugo (*1929): escritor suizo, 156
Loren, Sophia (Sofia Scicolone *1934): estrella de cine italiana, 164
Lorenz, Konrad (1903-1989): estudioso del comportamiento y psicólogo austríaco, 211
Los anabaptistas, 164
"Los astrónomos" (Aguada de FD), 189
"Los ataúdes de cristal de los muertos serán los martinetes" (Dibujo a pluma de FD), 193
Los bandoleros (Obra de teatro de Friedrich von Schiller), 87
Los Nibelungos (Leyenda alemana), 20
"Los Santos bizantinos (para Emperador y eunuco)" (Dibujo a pluma de FD), 196
Los viajes de Gulliver (Novela de Jonathan Swift), 45, 46, 67, 129
Luginbühl, Bernhard (*1929): artista plástico, dibujante y grabador suizo, 182
Luis XIV (1638-1715): rey francés (1643-1715), 208
Lutero, Martín (1483-1546): teólogo y reformador alemán, 115
Manet, Edouard (1832-1883): pintor y gráfico francés, 207
Mann, Thomas (1875-1955): escritor alemán, 42, 45
Marat, Jean-Paul (1743-1793): revolucionario francés, 152
March, Arthur (1891-1957): físico austríaco, 192
Mares, 23
Mark Twain (Samuel Langhorne Clemens, 1835-1910): escritor americano, 129
Marshall, Bruce (1899-1987): escritor escocés, 95
Marx, Karl (1818-1883): filósofo alemán, 207
Mazdak (Masdak, 529/8 d. C.): fundador de sectas y reformador social iraní, 195

"Mazdak", *véase* "Mazdak, plantado en la tierra", 195
"Mazdak, plantado en la tierra" (Dibujo a pluma de FD), 195
Mazepa (Masepa), Iwan Stepanowitsch (antes de 1644-1709): jefe de los cosacos ucranianos (1687-1708), 195
"Mazzepa" (Pintura a pluma de FD), 195
Mehring, Walter (1896-1981): escritor alemán, 69
Melville, Herman (1819-1891): escritor americano, 129
Miguel Ángel Buonarroti (1475-1564): escultor, pintor y arquitecto italiano, 187
"Minotauro" (Dibujo a la aguada, perfilado a pincel, de FD), 190, 195
"Minotauro y mujer I" (Dibujo a la aguada, perfilado a pincel, de FD), 190, 195
"Minotauro y mujer II" (Dibujo a la aguada, perfilado a pincel, de FD), 190, 195
"Minotauro y mujer III" (Dibujo a la aguada, perfilado a pincel, de FD), 190, 195
"Minotauro", *véanse* "El nacimiento del minotauro", "Muerte de Pasiphae", "Minotauro y mujer I", "Minotauro y mujer II" y "Minotauro y mujer III"
Moby Dick (Novela de Herman Melville), 129
"Moisés" (Escultura de Miguel Ángel Buonarroti), 188
Molière (Jean-Baptiste Poquelin, 1622-1673): dramaturgo, actor y director francés de teatro, 85, 128
Mozart, Wolfgang Amadeus (1756-1791): compositor austríaco, 162, 167
"Muerte de Pasiphae" (Dibujo a la aguada, perfilado con pincel, de FD), 190, 195
"Muerte del minotauro" (Dibujo a la aguada, perfilado con pincel, de FD), 190, 195
Muerte y diablo (a menudo: *Danza de la muerte*; pieza en un acto de Frank Wedekind), 157
Napoleón I (Napolione Bonaparte, 1769-1821): emperador francés de origen corso (1804-1814/5), 88, 151, 206
Nerón Claudio César (Lucius Domitius Ahenobarbus, 37-68 d. C.): emperador romano (54-68 d. C.), 163

Nestroy, Johann Nepomuk (1801-1862): Dramaturgo y actor austríaco, 85, 128
Newton, Isaac (1643-1727): matemático y físico inglés, 153
Nietzsche, Friedrich (1844-1900): filósofo alemán, 207
Notas a Hans Falk, 173
Odisea (Epopeya de Homero), 69, 129
"Ofelia", *véase* "Leprosa Ofelia, embarazada", 194
Otoño (Poema de Rainer Maria Rilke), 210
"Papa", *véanse* "La lucha de los tres Papas", "El último Papa" y "Doce Papas interpretando la Biblia"
Para Varlin, 171
"Pareja borracha de enamorados" (Aguada de FD), 189
"Parsifal" (Ópera de Richard Wagner), 207
Pestalozzi, Johann Heinrich (1746-1827): pedagogo suizo, 72, 78, 152
Picasso Pablo (1881-1973): pintor, gráfico y escultor español, 133, 167, 205, 206
Pilatos, 192
"Pilatos" (Aguada de FD), 192
Pilatos, Poncio: Procurador romano de Judea (26-36 d. C.), 192
Platón (428/27-348/7 a. C.): filósofo griego, 61
Poe, Edgar Allan (1809-1849): escritor americano, 128
Poemas preferidos, 35
Poemas y documentos (Recopilación de Else Lasker-Schüler, publicada por Ernst Ginsberg), 29
Por qué no brilla la antorcha (Tratado de Karl Kraus), 43
Porque la lamparita aún está encendida (Volumen de recopilación con dibujos satíricos de Ronald Searle), 218
Prefacio para la obra de Paul Flora Crespones de luto, 143
Prólogo para el libro de Bernhard Wicki Dos gramos de luz, 145
Proust, Marcel (1871-1922): escritor francés, 45
Ramuz, Charles Ferdinand (1878-1947): escritor suizo, 115
"Rapto de la hija de Leukippos" (Pintura de Peter Paul Rubens), 177
Realidad como posibilidad (Artículo de Alexander J. Seiler), 217

Rembrandt Harmensz van Rijn (1606-1669): pintor holandés, 159
"Resurreción" (Dibujo a pluma de FD), 188
"Retrato de Lotti Dürrenmatt" (Aguada de FD), 194
"Retrato de mi mujer", *véase* "Retrato de Lotti Dürrenmatt"
"Retrato de un hostelero" (Hans Liechti)" (Aguada de FD)
Retrato de un planeta, 134
"Retrato de un planeta I: El carnicero universal" (Aguada de FD), 192
"Retrato de un planeta II " (Pintura en técnica mixta de FD), 192
"Retrato de un psiquiatra (Dr. Otto Riggenbach)" (Aguada de FD), 194
"Retrato de Walter Mehring" (Aguada de FD), 194
Richter, Ludwig (1803-1884): pintor y dibujante alemán, 206
Riggenbach, Otto: psiquiatra suizo, 194
Rilke, Rainer Maria (1875-1926): escritor alemán, 30, 31, 210
Robespierre, Maximilien de (1758-1794): político y abogado francés, 151
Rondel (Poema de Georg Trakl), 36
Rousseau, Jean-Jacques (1712-1778): escritor, filósofo y pedagogo francés de origen suizo, 151
Rubens, Peter Paul (1577-1640): pintor flamenco, 205, 206
Saint-Pierre, Jacques Henri Bernardin de (1737-1814): escritor francés, 151
Saúl: Primer rey del reinado de Israel (aprox. 1050-1000 a. C.), 29
Schiller, Friedrich von (1749-1805): escritor alemán, 79-94
Schmalz, Oskar Friedrich (1881-1960): compositor suizo de cantos tiroleses, 16
Schopenhauer, Arthur (1788-1860): filósofo alemán, 191
Schröder, Ernst (1915-1994): actor alemán, 164
Schwarzenbach, James (1911-1994): político (Consejo Nacional 1967-1979) y escritor suizo, 133
Searle, Ronald (*1920): gráfico satírico inglés, 141-142
Seiler, Alexander J. (*1928): director de cine y publicista suizo, 117-126, 217

Shakespeare, William (1564-1616): escritor, actor y director inglés de teatro, 43, 81, 85
Simposium, véase *El banquete*
"Sísifo I" (Dibujo a carboncillo con color al temple de FD), 192
Sobre Balzac, 105
Sobre el contrato social o las bases del derecho político (Obra filósofica estatal de Jean-Jacques Rousseau), 152
Sobre escribir. Discurso para una lectura en Munich, 73
Sobre Ronald Searle, 141
Sobre Rosalie de Constant, 151
Sobre Walter Mehring, 69
Sócrates (aprox. 470-399 a. C.): filósofo griego, 61, 158
Sófocles (aprox. 497- aprox. 406 a. C.): dramaturgo griego, 77
"St. Tropez" (Dibujo a pluma de FD), 194
Staiger, Emil (1908-1987): estudioso suizo de la literatura, 162
Stalin (Jossif Wissarionowitsch Dschugaschwili, 1879-1953), 126
Steckel, Leonard (1901-1971): actor y director alemán, 194
Steinberg, Saul (*1914): dibujante americano de origen rumano, 205, 206
Stendhal (Henri Beyle, 1783-1842): escritor francés, 207
Stifter, Adalbert (1805-1868): escritor y pintor austríaco, 45
Stiller (Novela de Max Frisch), 45, 49
Stiller. Una novela de Max Frisch. Fragmento de una crítica, 45-53
Stirner, Max (Johann Caspar Schmidt, 1806-856): filósofo, profesor y periodista alemán, 207
Strich, Christian (*1930): editor suizo, 218
Swift, Jonathan (1667-1745): escritor irlandés, 129, 142
Tate, Sharon (1943-1969): actriz americana, 177
Tentativas sobre Manuel Gasser, 201
Teoría de los colores, véase *A la teoría de los colores*
Tiziano (Ticiano Vecelli, 1477 o 1487/90-1576): pintor italiano, 159
Tinguely, Jean (1825-1991): artista y escultor suizo, 182

Tolstoi, Lew Nikolajewitsch (1828-1910): escritor ruso, 45
Trakl, Georg (1887-1914): poeta austríaco, 36
Tratados de teatro y discursos (Volumen de recopilación), 134
Tratados de teatro y discursos II, véase *Dramático y crítico*
Tristram Shandy, véase *Vida y obra de Tristram Shandy*
Turel, Adrien (1890-1957): crítico y escritor, 145
Twain Mark, véase Mark Twain
"Última reunión general de la entidad bancaria confederada" (Bocetos para una pintura colosal no concluida) (Óleo de FD), 196
Últimos días de la humanidad (Tragedia de Karl Kraus), 41
Un viejo tapiz del Tíbet (Poema de Else Lasker-Schüler), 29-30
Ungerer, Tomi (*1931): dibujante, ilustrador y escritor alsaciano, 205-212
Ungerer, Yvonne (de soltera Wright *1947): esposa de Tomi Ungerer, 208
Varlin, 163
"Varlin" (22 de octubre de 1977) (Dibujo al carboncillo de FD), 194
Varlin (Willy Guggenheim, 1900-1977): pintor suizo, 155-169, 202
Varlin calla. Discurso para la concesión del premio de Arte de Zúrich, 155
Varlin. El pintor y su obra (Monografía de Hugo Loetscher), 218
Velada de autores en el teatro Schauspielhaus de Zúrich, 107
Verne, Julio (1828-1905): escritor francés, 180, 184
Viaje al centro de la Tierra (novela de Julio Verne), 180
Vida y obra de Tristram Shandy (Novela de Laurence Sterne), 45
Visión personal sobre la lengua, 113
Volumen de poemas. Fumando un puro al mediodía, 25
"Walter Mehring", *véase* "Retrato de Walter Mehring"
Weber, Werner (*1919): periodista y crítico literario suizo, 103, 158
Wedekind, Frank (Benjamin Franklin Wedekind, 1864-1918): escritor alemán, 157

Wicki, Bernhard (*1919): actor y director austríaco de cine, 145, 149
Wieland, Christoph Martin (1733-1813): escritor alemán, 81
Wilde, Oscar (1854-1900): escritor irlandés-inglés, 164
Wilder, Thornton (1897-1975): escritor americano, 129
Wittgenstein, Ludwig (1889-1951): filósofo austríaco, 119
¡Yo hago las maletas! Mi queja ante mi editor (de Else Lasker-Schüler), 29
Zimmermann, Friedrich: abuelo de FD, 13
Zumsteg, Hulda (1890-1984): hostalera suiza ("Kronenhalle", Zúrich), 199